Hogar dulce hogar

Una guía **paso a paso** para **quienes compran una vivienda por primera vez**

Consejos, estrategias y listas de chequeo para simplificar el camino hacia la propiedad

.

¡Este libro NO es sólo para compradores primerizos!

Comprar una casa, ya sea la primera o la quinta, puede resultar abrumador. Esta guía está repleta de consejos prácticos, listas de comprobación y estrategias del mundo real que te ayudarán a evitar errores costosos y a transitar el proceso con confianza.

SALLY STREET

URMS
PUBLISHING

Testimonios

¡De abrumada a encantada!

"Ser propietaria de una casa me parecía un sueño inalcanzable, enfrentándome a un obstáculo tras otro, dejándome cada vez más desconcertada. Gracias a los consejos prácticos de este libro, ahora estoy encantada de llamarme propietaria de una casa."

Diana Beck

De la duda a las llaves en la mano, ¡Los consejos de crédito me cambiaron la vida!

"Tengo 20 años y nunca pensé que fuera posible ser propietario de una casa. Mi puntuación crediticia me parecía un muro que no podía escalar, y no tenía ni idea de por dónde empezar. Los consejos sobre crédito de este libro me cambiaron la vida: prácticos, fáciles de seguir e increíblemente eficaces. En menos de 45 días, mejoré mi puntuación y conseguí una hipoteca. Hoy, ¡tengo mi propia casa! No tengo palabras para describir la gratitud que siento por los consejos de este libro. Convirtió lo que parecía un sueño imposible en una nueva realidad para nuestra familia".

Nic García

¡Encontré mi hogar con una guía excepcional!

"Comprar una casa es un compromiso importante, una de las decisiones más impactantes de la vida. Contar con las personas adecuadas a tu lado es crucial. Mi conexión con la autora fue innegable; como dice el refrán, haces negocios con gente que te cae bien. Como agente inmobiliaria, comprar una casa resonó profundamente en mí.

Su impacto en nuestra decisión fue profundo, y nos dejó tranquilos de que estábamos en el buen camino para volver a ser propietarios de una vivienda. Esta experiencia reforzó la importancia de tratar a cada cliente con respeto y atención. Ya sea buscando o reduciendo opciones, todo el mundo merece la misma atención.

Esta historia pone de relieve el valor de un servicio al cliente excepcional en el sector inmobiliario, como señala la Asociación Nacional de Agentes Inmobiliarios. Llevaré esta lección a lo largo de toda mi carrera. Gracias por ayudarme a encontrar la casa de mis sueños y por enseñarme con tu ejemplo".

Brandy Olaniyan, agente inmobiliaria

Para solicitar permisos, comprar libros al por mayor con descuentos, recaudar fondos o enviar comentarios, etc., ponte en contacto con URMS Publishing en URMSPublishing.com/connect

Publicado por: **URMS Publishing**

¡Si tienes algún comentario, escanea aquí para compartirlo!

¡Libros que iluminan tu mundo!

ISBN: 978-1-967195-04-6 *Tapa blanda*
ISBN: 979-8-242569-63-8 *Tapa dura*

¡Ayuda a otros a encontrar la casa de sus sueños!

Gracias por continuar tu viaje con *Hogar dulce hogar*. Si has encontrado valor en esta guía, compartir una breve reseña podría ayudar a otros a dar el salto hacia la propiedad de una vivienda. Tus comentarios podrían **inspirar a otra persona a hacer realidad sus sueños.**

¡Marcar la diferencia es *fácil!*

Sólo tienes que escanear el código QR o hacer clic en el enlace a continuación y compartir tu opinión:

https://link.urmspublishing.com/hsh-opinion

Apreciamos profundamente tu esfuerzo por contribuir a la conversación y compartir buenas vibras, ¡gracias por ayudarnos a crear un impacto!

Gracias nuevamente, Sally Street

"NO HAY LUGAR COMO
EL HOGAR."
- L. FRANK BAUM
Hogar Dulce Hogar

Contenido

Introducción

Bienvenido a tu viaje hacia la compra de tu vivienda

Bienvenido a *Hogar dulce hogar: ¡Una guía paso a paso para quienes compran una vivienda por primera vez*! ¡Felicidades! Al abrir este libro, ya has dado un emocionante primer paso hacia la consecución de uno de los mayores hitos de la vida: ser propietario de una vivienda.

Esta guía ha sido diseñada pensando en los compradores primerizos, pero también está repleta de información valiosa, estrategias y listas de comprobación para cualquiera que vaya a comprar su próxima casa. Tanto si acabas de iniciar tu viaje como si estás refinando la búsqueda de la casa de tus sueños, este libro será tu compañero de confianza.

Comprar una casa puede ser emocionante, pero seamos realistas: también puede resultar abrumador. ¡No te preocupes! Esta guía te ayudará a navegar por el proceso, evitar los errores más comunes y tomar decisiones informadas que se ajusten a tus objetivos. Juntos, eliminaremos el misterio de ser propietario de una vivienda y haremos realidad tu sueño.

Por qué escribí este libro

Durante más de 20 años, he tenido el privilegio de ayudar a la gente en el proceso de compra de una vivienda. Durante ese tiempo, he sido testigo de la emoción, el nerviosismo e incluso el pánico ocasional que conlleva esta decisión que cambia la vida.

¿Qué me inspiró para escribir este libro? Mi pasión por empoderar a las personas para que tomen decisiones informadas y seguras. Creo que comprar una casa debería ser más emocionante que intimidante, y he visto personalmente cómo la orientación adecuada puede marcar la diferencia.

Este libro es mi forma de simplificar los complejos pasos de ser propietario de una vivienda. Al dividir el proceso en partes manejables, espero brindarte la confianza y la claridad que necesitas para que este viaje sea sencillo y exitoso.

A quién está dirigido este libro

Esta guía es para cualquiera que esté buscando comprar una vivienda, tanto si es tu primera vez como tu siguiente paso. ¿Eres un joven profesional que sueña con su primer hogar? ¿Una pareja de recién casados que están comenzando su vida juntos? ¿Una familia en expansión que necesita más espacio? Sea cual sea tu caso, este libro es para ti.

Si términos como "depósito en garantía", "seña o señal de buena fe" o "contingencias" te hacen sentir confundido, no te preocupes, ¡no estás solo! Esta guía está escrita en un lenguaje sencillo, con ejemplos fáciles de entender, estrategias prácticas y listas de comprobación fáciles de seguir para que el proceso sea claro y manejable.

No importa en qué punto de tu trayecto te encuentres, este libro será tu recurso para hacer realidad el sueño de ser propietario de una vivienda.

Cómo te beneficiarás de este libro

Comprar una casa no es sólo una decisión económica, es un hito que te cambiará la vida. Esta guía está diseñada para que el proceso te resulte más sencillo, inteligente y agradable. Esto es lo que obtendrás:

- **Claridad**: Un plan claro, paso a paso, para navegar por el proceso de compra de una vivienda.
- **Confianza**: Con consejos prácticos que te ayudarán a comprender qué puedes esperar y cómo tomar decisiones con conocimiento de causa.
- **Pasos a seguir**: Listas de control y consejos para guiarte en cada etapa del camino.
- **Ejemplos reales**: Escenarios del mundo real para facilitar la comprensión de temas complejos.
- **Empoderamiento**: Las herramientas y los conocimientos que necesitas para tomar decisiones que se ajusten a tus objetivos financieros y personales.

- **Glosario de términos**: Un completo glosario al final del libro para ayudarte a comprender rápidamente cualquier término que no te resulte familiar a lo largo del camino.

¡Comencemos! Acompáñame en este emocionante viaje hacia la propiedad de tu vivienda.

s

"EL NOVENTA POR CIENTO DE TODOS LOS MILLONARIOS LO LOGRAN AL POSEER BIENES RAÍCES".
- ANDREW CARNEGIE
Hogar Dulce Hogar

Capítulo 1

¿Debería comprar una casa?

Imagina entrar por la puerta de tu propio hogar, un espacio que es verdaderamente tuyo. Es una idea emocionante, pero ¿es realmente mejor comprar que alquilar? Este capítulo te ayudará a sopesar los pros y los contras de ser propietario para decidir si es el paso adecuado para ti. Comprar una casa es una gran decisión, una de las mayores que tomarás en tu vida. Es un poco como adoptar un cachorro: una experiencia emocionante, ligeramente aterradora y repleta de compromiso a largo plazo. Antes de lanzarte a la piscina, veamos más de cerca si ser propietario de una vivienda se ajusta a tus objetivos y a tu estilo de vida.

Ventajas de comprar una casa

Comencemos con una nota positiva. Ser propietario de una vivienda tiene muchas ventajas, por eso tantas personas sueñan con ello. Aquí tienes algunas de las principales ventajas:

1. **Construir un patrimonio:** Al alquilar, tus pagos mensuales son como darle a alguien un puñado de dinero por el uso de *su* propiedad y despedirte de él para siempre. Cuando compras una casa, tus pagos te ayudan a acumular capital: la parte de la propiedad que realmente te pertenece, libre de cualquier gravamen. Piensa que es como tener una cuenta de ahorros que tiene el potencial de crecer con el tiempo.
    a. ¿Qué es el patrimonio neto? El patrimonio neto es la parte del valor de una propiedad que realmente te pertenece. Se calcula como la diferencia entre el valor de mercado de la propiedad y el saldo restante de cualquier préstamo garantizado por la propiedad.

Ejemplo: Si tu casa vale $300.000 y debes $200.000 de hipoteca, tu patrimonio neto es de $100.000.

2. **Estabilidad y control:** Se acabaron los aumentos aleatorios del alquiler y los avisos sorpresa de mudanza. Tú mandas. ¿Quieres pintar las paredes de verde lima o adoptar un gran danés? ¡Adelante!
3. **Inversión a largo plazo:** Históricamente, los bienes inmuebles tienden a revalorizarse con el tiempo. Aunque no hay garantías, ser propietario de una vivienda puede ser una forma inteligente de acumular riqueza con el tiempo.
4. **Posibles deducciones fiscales:** Podrías tener derecho a deducciones fiscales sobre los intereses hipotecarios y los impuestos sobre la propiedad, dependiendo de tus circunstancias. Es como encontrar dinero bajo los cojines del sofá, pero mejor.
5. **Sentido de comunidad:** Ser propietario de una vivienda suele profundizar tu conexión con tu barrio. Es donde vives y donde echas raíces, formas relaciones y pasas a formar parte de una comunidad. Desde saludar a los vecinos y ayudarse mutuamente hasta participar en actos locales, ser propietario de una vivienda convierte un conjunto de casas en un lugar al que perteneces de verdad.

Los contras de comprar una casa

Pero no todo son arcoíris y cercos blancos. Ser propietario de una casa también conlleva desafíos:

1. **Costos iniciales:** El pago inicial, los gastos de la compra, las inspecciones y los gastos de mudanza se acumulan rápidamente. No es poca cosa, así que debes estar preparado económicamente.
2. **Mantenimiento y reparaciones:** Cuando se rompa el inodoro o haya goteras en el tejado, no habrá un casero al que llamar. Deberás ocuparte tú mismo del cuidado del césped. Serás tú quien realice las reparaciones (o quien contrate a

alguien para que lo haga), y ése es un costo continuo de ser propietario.

3. **Menos flexibilidad:** ¿Quieres mudarte al otro lado del país porque has conseguido un nuevo trabajo increíble? Vender una casa lleva tiempo y esfuerzo, a diferencia de interrumpir un contrato de alquiler, que a menudo requiere algo de papeleo y pequeñas tarifas. Sin embargo, ten cuidado: interrumpir un contrato de alquiler puede afectar tu crédito si no lo gestionas adecuadamente. Habla con tu arrendador para entender las condiciones del contrato, ya que puedes enfrentarte a una penalización de dos meses o, en algunos casos, a tener que pagar el resto de la duración del contrato. Una comunicación clara y una planificación cuidadosa pueden ayudarte a evitar sorpresas o impactos negativos en tu crédito.
4. **Fluctuaciones del mercado:** El valor de tu vivienda puede subir... o bajar. Aunque comprar suele ser una buena inversión a largo plazo, el mercado puede ser impredecible a corto plazo.
5. **Costos ocultos:** No sólo tendrás que presupuestar el pago de la hipoteca. También tendrás que presupuestar los impuestos sobre la propiedad, el seguro de la vivienda, las cuotas de la Asociación de Propietarios (HOA) y alguna que otra reparación sorpresa.

¿Qué es una HOA?

Una **Asociación de Propietarios (HOA)** es una organización que gestiona y hace cumplir las normas de una comunidad residencial, como un barrio de viviendas unifamiliares, un complejo de condominios o una urbanización de casas adosadas. Las HOA suelen estar gobernadas por una junta de residentes y se financian mediante cuotas mensuales o anuales pagadas por los propietarios.

Las Asociaciones de Propietarios se encargan de tareas como el mantenimiento de las zonas comunes (por ejemplo, parques, piscinas o jardines), la aplicación de las normas de la comunidad (por ejemplo, el aspecto de las propiedades o las restricciones sobre los ruidos) y, a veces, la gestión de servicios compartidos como la recolección de basuras o la seguridad. Su objetivo es preservar el valor de la propiedad y fomentar una comunidad cohesionada, pero sus normas y cuotas pueden variar significativamente. Asegúrate de hacer preguntas y revisar una copia de las normas de la HOA antes de comprometerte con una propiedad.

Alquilar o ser propietario: Una rápida comparación

Ahora, comparemos el alquiler y la propiedad sin rodeos. Al fin y al cabo, la alternativa a comprar es seguir alquilando, y ambas opciones tienen sus ventajas.

Ventajas de alquilar

- **Flexibilidad**: Facilidad para trasladarse cuando surja una nueva oportunidad.
- **Menos mantenimiento**: No hay que preocuparse de cortacéspedes ni grifos que goteen.
- **Gastos previsibles**: El alquiler suele ser una cantidad fija, con menos sorpresas.

Desventajas del alquiler

- **No tienes patrimonio**: Estás pagando la hipoteca de otra persona.

- **Falta de control**: ¿Quieres una mascota o colgar obras de arte en la pared? Mejor chequea el contrato de alquiler.
- **Aumentos de alquiler**: Los propietarios pueden aumentar el alquiler, a veces considerablemente, y aplicar políticas adicionales.

Ventajas de ser propietario

- **Inversión a largo plazo**: Potencial de revalorización de la propiedad y acumulación de riqueza.
- **Libertad creativa**: Puedes decorar, remodelar o plantar un jardín a tu antojo.
- **Estabilidad**: Pagos mensuales constantes con una hipoteca a tasa fija.

Desventajas de ser propietario

- **Costos iniciales**: Inversión inicial más elevada.
- **Mantenimiento continuo**: Responsabilidad del mantenimiento y las reparaciones.
- **Riesgo de mercado**: El valor de los inmuebles puede fluctuar.

Alquilar o ser propietario

Alquilar puede ser como tirar a la basura el dinero que tanto te ha costado ganar. Sabes que ha desaparecido, pero no sabes muy bien adónde ha ido a parar. En cambio, comprar una casa es como plantar un árbol del dinero en tu propio jardín. Con cada pago de la hipoteca, no sólo estás pagando un techo sobre tu cabeza y el terreno sobre el que se asienta; estás creando capital y aumentando tu riqueza. El aumento del valor de la vivienda suele significar que tu árbol del dinero se hace más alto y fuerte con el tiempo. Claro que no siempre se puede predecir el mercado, pero ¿no preferirías hacer crecer tu dinero a verlo desaparecer?

Escenario de la vida real: "¿Es la compra adecuada para mí?"

Te presentamos a Helen y Aaron. Son una pareja joven que alquila un departamento acogedor en un barrio de moda. Les encanta la comodidad e incluso se han encariñado con el gato de su casero, Mittens. Pero se sienten apretados, y su casero acaba de anunciarles un aumento en el alquiler. Así que están pensando en comprar.

¿Qué los está deteniendo?

A Helen y Aaron les preocupa el compromiso financiero, el costo de las reparaciones y cómo podría limitar su flexibilidad laboral. Pero también les tienta la idea de acumular patrimonio y tener más espacio. Tras revisar su presupuesto, deciden comenzar a buscar una vivienda inicial, algo modesto que se ajuste a su presupuesto.

Conclusión clave: No hay una respuesta perfecta, sólo lo que es mejor para ti. La balanza se inclinó hacia la compra para Helen y Aaron, pero eso no significa que sea lo adecuado para todo el mundo. Debes sopesar los pros y los contras y decidir qué se adapta mejor a tu situación.

Escenario de la vida real: "¿Debería esperar para comprar?"

Conoce a David. Es un profesional del marketing de 32 años que alquila un espacioso departamento en el centro de la ciudad. A David le encanta su situación actual: ofrece excelentes servicios, un trayecto corto al trabajo y muchos restaurantes cercanos para explorar. Sin embargo, ha oído hablar mucho de las ventajas de ser propietario, y siente la presión de comprar.

¿Qué lo está deteniendo?

El trabajo de David podría transferirlo a otra ciudad durante el año siguiente. Aunque le tienta la idea de acumular capital y poseer una vivienda propia, sabe que la incertidumbre de sus planes profesionales podría hacer de la compra un movimiento arriesgado. Tras considerar los desafíos financieros y logísticos de vender o alquilar una casa en una nueva ciudad, decide aplazarlo por ahora.

Conclusión clave: El momento oportuno lo es todo cuando se trata de comprar una casa. Para David, la posibilidad de trasladarse pronto significa que es más sensato esperar y mantener la flexibilidad. Antes de lanzarte a la compra de una vivienda, asegúrate de que tus planes personales y profesionales estén en consonancia con el compromiso a largo plazo que implica comprar una casa.

Los principales errores que debes evitar al decidir comprar

- **No revisar tus finanzas**: Examina a fondo tus ahorros, deudas y presupuesto mensual. Si te parece exagerado, pregúntate: ¿Es sólo miedo al cambio, o está dentro de tus posibilidades de forma realista sin excederte? (Que cumplas los requisitos para un préstamo mayor no significa que sea adecuado para ti).
- **Apresurar el proceso**: Tómate tu tiempo. Comprar una casa es un maratón, no una carrera de velocidad. Sin embargo, analizar demasiado puede provocar parálisis en el compromiso o en la toma de decisiones, y puede hacer que te quedes alquilando para siempre.
- **Ignorar el costo total**: La hipoteca no es el único costo; ten en cuenta también los impuestos, los seguros y el mantenimiento.
- **Comprar basándote en las emociones**: Es fácil enamorarse de una casa, pero asegúrate de que se ajuste a tu presupuesto y a tus necesidades.
- **Pasar por alto el valor de reventa**: Aunque ahora sea la casa de tus sueños, piensa en lo fácil (o difícil) que podría ser venderla más adelante.

Consejo útil: ¡Obtén la precalificación AHORA!

Tanto si estás seguro de estar preparado para comprar una casa como si acabas de empezar a pensar en ello, recuerda que el conocimiento es poder. Comprender tu situación financiera y lo que puedes permitirte es un primer paso crucial. Una estrategia ganadora es conseguir la precalificación para una hipoteca ¡YA! Este sencillo paso no sólo te muestra lo que es posible ahora, sino que también te ayuda a planificar el futuro si aún no estás preparado. Conocer tu presupuesto, tu potencial de endeudamiento y lo que buscan los prestamistas puede proporcionarte un camino claro hacia delante, que te permita dar pasos seguros hacia la propiedad de una vivienda, ya sea hoy, mañana o dentro de unos años. Más adelante en el libro encontrarás más detalles sobre cómo obtener la precalificación y cómo los prestamistas evalúan los casos.

Por ahora, ¡sólo tienes que saber que la precalificación es el PRIMER paso esencial!

Reflexiones a tener en cuenta

Al fin y al cabo, decidir si comprar una casa o no, es algo profundamente personal. No pasa nada si no estás preparado en este momento: no hay ninguna norma que diga que tienes que tener una casa para tener éxito o ser feliz en la vida. Si comprar tiene sentido desde el punto de vista económico, logístico y emocional, hazlo. Si no, alquilar puede ser una opción inteligente y estratégica hasta que llegue el momento adecuado.

Así que, respira hondo, toma una taza de café y considera tus opciones detenidamente. Tanto si compras como si sigues alquilando, ten la seguridad de que estás dando un paso hacia un futuro mejor. Y eso es algo que vale la pena celebrar, tal vez con un día de spa o con una buena pizza en el sofá.

El costo de la espera: La lección de Sam sobre la riqueza perdida

Hablemos de Sam. Sam es un joven profesional que pasó años alquilando en una bulliciosa ciudad donde era fácil encontrar departamentos, pero la privacidad y el control eran otra historia. Como muchos de nosotros, Sam quería la flexibilidad y el bajo compromiso que ofrecía el alquiler: sin grifos que gotean que arreglar, sin césped que cortar y con la libertad de mudarse si su vida daba un giro inesperado. Pero Sam también tenía un pensamiento persistente en el fondo de su mente: **¿Debería comprar una casa?**

Sam tenía un buen trabajo, una cuenta de ahorros decente y estaba construyendo una vida estable, pero la idea de ser propietario le parecía desalentadora. Pensar en el pago de una hipoteca, los impuestos sobre la propiedad y el mantenimiento le hacían dudar. Así que siguió alquilando, pensando que compraría cuando estuviera "realmente preparado".

La oportunidad perdida

Hace unos años, Sam se planteó comprar un departamento de dos dormitorios en un barrio que le encantaba. La vivienda costaba entonces $300.000, y la hipoteca habría sido asequible. Pero decidió esperar, sintiendo que "no estaba del todo preparado". Si avanzamos hasta el día de hoy, ese mismo piso está valorado actualmente en $445.000. Los alquileres también han subido, y el suyo ha aumentado considerablemente en los últimos años.

Al optar por el alquiler, Sam perdió la oportunidad de acumular patrimonio con ese departamento y se enfrentó a un aumento del alquiler sin ningún control sobre futuros incrementos. En efecto, Sam estaba ayudando a su casero a acumular riqueza mientras su patrimonio neto seguía siendo el mismo, o incluso disminuía, teniendo en cuenta la inflación y el aumento de los costos del alquiler.

Cómo comprar podría haber generado riqueza

Si Sam hubiera comprado ese departamento a $300.000, habría tenido la oportunidad de construir algo real: **patrimonio neto**. El patrimonio es el valor de tu propiedad en un inmueble, y crece a medida que pagas la hipoteca y el valor de la vivienda se revaloriza. Por ejemplo:

- Digamos que Sam pone un 5% de entrada ($15.000) por el departamento y financia los $285.000 restantes.
- Los pagos de su hipoteca se habrían destinado parcialmente a reducir el saldo del préstamo, al tiempo que cubrían los intereses, a medida que aumentaba el valor de la propiedad.
- Avancemos rápido hasta hoy. Con el departamento valorado en $445.000, Sam habría ganado $145.000 de capital, sin incluir el monto que pagó por la hipoteca.

Esos $145.000 se podrían destinar al pago inicial de una casa más grande, invertirlos, ahorrarlos como un fondo para imprevistos, o simplemente dejar que siguieran creciendo hacia su plan de jubilación. Al no comprar, Sam perdió esta valiosa oportunidad de crecimiento.

El costo de alquilar frente al de comprar

Aunque el alquiler es flexible y no requiere un pago inicial, tampoco ofrece ninguna rentabilidad por el dinero gastado. Alquilar es como pagar una hipoteca, pero no la tuya. A medida que sube el valor de los inmuebles, suelen aumentar los alquileres, lo que significa que los inquilinos pueden pagar más con el tiempo sin obtener ningún rendimiento económico.

Si Sam hubiera destinado esos pagos mensuales a su hipoteca, habría ido acumulando capital con cada pago, y su cuota mensual probablemente se habría mantenido estable. **¿La lección?** El alquiler puede ser un gasto continuo que aumente el patrimonio de tu arrendador en lugar del tuyo propio.

Dato curioso: El costo a largo plazo de pagar un alquiler puede ser realmente impactante. Echa un vistazo al gráfico basado en tu alquiler mensual actual. Por ejemplo, si pagas $2.500 al mes de alquiler durante 10 años, eso suma la asombrosa cantidad de $300.000. Sorprendente, ¿verdad? Imagina que ese dinero, o al menos una parte de él, estuviera construyendo tu futuro en lugar de contribuir a la riqueza de tu arrendador.

Costo de pagar el alquiler a lo largo del tiempo

ALQUILAR	5 Años	10 Años	15 Años	20 Años	25 Años	30 Años
$1K	$60K	$120K	$180K	$240K	$300K	$360K
$1.5K	$90K	$180K	$270K	$360K	$450K	$540K
$2K	$120K	$240K	$360K	$480K	$600K	$720K
$2.5K	$150K	$300K	$450K	$600K	$750K	$900K
$3K	$180K	$360K	$540K	$720K	$900K	$1.080M
$3.5K	$210K	$420K	$630K	$840K	$1.050M	$1.260M
$4K	$240K	$480K	$720K	$960K	$1.200M	$1.440M
$4.5K	$270K	$540K	$810K	$1.080M	$1.350M	$1.620M
$5K	$300K	$600K	$900K	$1.200M	$1.500M	$1.800M
$5.5K	$330K	$660K	$990K	$1.320M	$1.650M	$1.980M
$6K	$360K	$720K	$1.080M	$1.440M	$1.800M	$2.160M

Las ventajas económicas de ser propietario de una vivienda: Entonces, ¿por qué la gente como Sam duda en comprar aunque estén preparados económicamente? A menudo es miedo al compromiso, preocupación por el mantenimiento o no saber por dónde empezar. Pero veamos algunos de los importantes beneficios que Sam habría obtenido dando el salto hacia la propiedad de una vivienda:

1. **Revalorización**: Los bienes inmuebles suelen aumentar de valor con el tiempo. Incluso con una tasa de revalorización

modesta, las viviendas suelen valer más a largo plazo. En nuestro caso, Sam habría visto cómo su departamento se revalorizaba $145.000, lo que le habría proporcionado un buen aumento de su patrimonio neto.

2. **Estabilidad**: Ser propietario de una vivienda proporciona previsibilidad. Mientras que los alquileres, los seguros y los impuestos pueden aumentar con las tendencias del mercado, una hipoteca a tasa fija se mantiene estable, proporcionando un ancla financiera a largo plazo.
3. **Herramienta de creación de riqueza**: Sam habría estado creando una especie de ahorro forzoso al pagar la hipoteca. Cada pago le habría acercado más a la plena propiedad de un bien valioso.
4. **Ventajas fiscales**: Los propietarios de viviendas suelen beneficiarse de deducciones fiscales sobre los intereses hipotecarios y los impuestos sobre la propiedad. Estas deducciones pueden acumularse, haciendo que ser propietario de una vivienda resulte aún más atractivo desde el punto de vista económico.

Los principales errores que debes evitar: La historia de Sam ilustra algunos errores comunes que cometen muchos compradores primerizos:

- **Esperar el "momento perfecto"**: Si puedes permitirte comprar, esperar puede significar perder años de revalorización y plusvalía. El "momento perfecto" rara vez llega.
- **No sopesar el costo del alquiler**: Aunque alquilar pueda parecer inicialmente más barato, ten en cuenta que estás aumentando el patrimonio de tu arrendador en lugar del tuyo propio. Haz tus cálculos.
- **Dejar que el miedo impulse las decisiones**: El miedo al mantenimiento, las incógnitas de ser propietario de una vivienda o las fluctuaciones del mercado pueden frenarte. Pero recuerda que hay toda una industria de profesionales -agentes,

inspectores, abogados, prestamistas- que están ahí para ayudarte.

Puntos clave del Capítulo 1

1. **Considera el impacto financiero a largo plazo**: Alquilar puede parecer cómodo, pero podrías estar renunciando a un potencial de creación de riqueza a largo plazo si puedes permitirte comprar.
2. **No dejes que los precios en aumento te intimiden**: Los valores inmobiliarios suelen tender al alza. Esperar a que bajen los precios suele significar que podrías pagar más en el futuro.
3. **Ser propietario de una vivienda es una inversión financiera**: No se trata sólo de un lugar donde vivir; se trata de acumular patrimonio, estabilidad y sentido de la propiedad.
4. **Saber cuándo estás preparado**: Evalúa honestamente tus finanzas. Si estás preparado económicamente, considera la posibilidad de dar el salto, ya que las recompensas a largo plazo suelen superar los costos iniciales.

Resumen: Si Sam hubiera comprado ese departamento, estaría sentado sobre un cómodo aumento de valor de $145.000, más la plusvalía de los pagos de su hipoteca. En lugar de eso, tiene que pagar un alquiler más alto y lamenta haber perdido una oportunidad económica. Ser propietario de una vivienda puede ser una de las mejores herramientas para generar riqueza, proporcionar estabilidad y convertir lo que parece un flujo interminable de pagos de alquiler en algo significativo.

Si no estás seguro de comprar una casa y no hay ninguna razón de peso que te lo impida, considera la historia de Sam como un recordatorio de lo que es posible. Si estás preparado económicamente, da el salto y empieza a invertir en tu futuro siendo propietario de una vivienda. A continuación, veremos qué priorizar al buscar la casa de tus sueños.

Capítulo 2

Comienza tu aventura en busca de una vivienda

¡Felicidades! Has decidido embarcarte en uno de los viajes más emocionantes de la vida: encontrar tu próximo hogar, dulce hogar. Tanto si es la primera vez que compras, como si estás pensando cambiar a la casa de tus sueños, el proceso está lleno de posibilidades y, para ser sinceros, de algunos desafíos.

Este capítulo te ayudará a aclarar tus prioridades, evitar errores comunes y centrarte en lo que más te importa. Considéralo tu mapa para encontrar el hogar perfecto para ti, como el primer sorbo de café de la mañana, pero mejor.

Paso 1: ¿Cuánto tiempo piensas quedarte? Empieza por hacerte una de las preguntas más importantes: *¿Cuánto tiempo pienso vivir en esta casa?* No se trata sólo de imaginar tu futuro; se trata de alinear tu decisión con tu plan de vida.

- **Compradores a corto plazo (menos de 5 años)**:

  Si piensas en mudarte por pocos años, céntrate en el potencial de reventa. Elige una casa en un lugar deseable con características de bajo mantenimiento que atraigan a muchos compradores. No olvides tener en cuenta las tendencias del mercado: comprar en una zona que se revaloriza rápidamente puede suponer un mayor rendimiento cuando vendas. Prioriza **la asequibilidad**, para que tu presupuesto no sea demasiado ajustado.

- **Compradores a largo plazo (más de 10 años)**:

  Para aquellos que están pensando en echar raíces, considera cómo crecerán contigo la casa y el barrio. ¿Se adaptará a tus necesidades futuras, como formar una familia o trabajar desde casa? Fíjate en factores como los colegios, los tiempos de desplazamiento y el espacio para posibles ampliaciones.

Consejo: Tanto a corto como a largo plazo, piensa en cómo se adaptaría la casa a tu estilo de vida actual y cómo podría evolucionar.

Paso 2: ¿Cuántos dormitorios y metros cuadrados necesitas? Estos son dos de los filtros más utilizados en cualquier búsqueda de casa por Internet, y por una buena razón. El tamaño de la propiedad puede ayudar a determinar hasta qué punto una casa se ajusta a tus necesidades actuales y futuras.

- **Número de dormitorios**: Pregúntate cuántos dormitorios necesitas *realmente*. Por ejemplo:
  - ¿Vives solo o en pareja?
  - ¿Piensas ampliar tu familia en los próximos años?
  - ¿Una habitación de invitados o un despacho en casa mejorarían tu estilo de vida?
- **Metros cuadrados**: Los metros cuadrados no son sólo un número: son tu presupuesto de espacio personal.
  - ¿Te gusta recibir invitados? Podrías necesitar más espacio.
  - ¿Quieres mantener los costos bajos? Recuerda que más metros cuadrados suelen significar facturas de servicios y mantenimiento más elevadas.
  - Concéntrate en la distribución más que en el tamaño. Una casa bien diseñada de 100 m^2 cuadrados puede parecer más espaciosa que una mal diseñada de 150 m^2.

- **Paso 3: Necesidades frente a deseos: organiza todo:** Probablemente hayas pensado en una lista de "lo que debes tener" y "lo que te gustaría tener". Pongámosla por escrito y hagámosla oficial.

- **Necesidades (No negociables)**: Éstos son los factores decisivos. Una casa sin ellos simplemente no funcionará. Algunos ejemplos incluyen:

  - Ubicación cercana al trabajo o a la familia
  - Un barrio seguro
  - Un número mínimo de dormitorios y cuartos de baño
  - Mantenerte dentro de tu presupuesto
- **Deseos (Sería bueno que tenga)**: Son cosas que estarían muy bien que tenga, pero que no son imprescindibles. Algunos ejemplos incluyen:
  - Encimeras de elegantes
  - Una piscina
  - Patio trasero extra grande

Escenario de la vida real: Distinguiendo las necesidades de los deseos

Te presentamos a John, un profesional soltero que está harto de alquilar. Está decidido a comprar un departamento de dos dormitorios cerca de su oficina. Cree que necesita un gimnasio en el edificio, un balcón y electrodomésticos de alta gama. Pero cuando empieza a visitar departamentos, se da cuenta de que los que tienen estas características se salen de su presupuesto.

Da un paso atrás, revisa su lista y distingue sus **necesidades reales** (proximidad al trabajo, dos dormitorios, buena luz natural) de sus **deseos** (el gimnasio y el balcón). Al final, John encuentra un piso en que satisface sus necesidades y cuenta con uno de sus deseos: un pequeño patio. ¡Está encantado!

Dato curioso: la mayoría de los compradores cambian de opinión sobre lo que quieren. Tal vez estés decidido a comprar una casa de una sola planta, pero te enamoras de una encantadora casa colonial de dos plantas. O estás convencido de que quieres estar en el bullicioso centro de la ciudad, pero descubres una joya escondida en un suburbio más tranquilo.

Conclusión clave: Encontrarás una casa satisfactoria y sensata siendo realista sobre tus necesidades y deseos. Además, obtén la precalificación PRIMERO para tener la seguridad de estar viendo casas que estén dentro de tu presupuesto.

Cambiar de opinión es totalmente normal. La búsqueda de casa es un proceso, y tu perspectiva probablemente cambiará a medida que veas más propiedades. Así que no te estreses por acertar "desde el primer día": mantente abierto a explorar diferentes opciones.

Paso 4: Encontrar la zona y el barrio adecuados: La ubicación de tu hogar es tan importante como la distribución. El barrio adecuado debe ajustarse a tu estilo de vida y a tus necesidades cotidianas, así que tómate tu tiempo para pensar en lo que más te importa.

Factores clave a tener en cuenta:

- **Desplazamientos**: ¿Hasta dónde estás dispuesto a conducir para ir al trabajo, a tu lugar de estudios o a tu cafetería favorita? Ten en cuenta el tráfico en horas pico y cómo será ese trayecto cada día.
- **Comodidades**: Busca parques cercanos, senderos naturales, centros comerciales, entretenimientos y opciones de transporte público que se adapten a tu estilo de vida.
- **Ambiente**: ¿Prefieres el ambiente de una ciudad bulliciosa, un suburbio tranquilo o un refugio rural?

- **Seguridad**: Consulta los índices de delincuencia en Internet y conduce por el barrio a distintas horas del día para hacerte una idea de la zona, así como del volumen de tráfico en la calle.
- **Escuelas:** Aunque vivir en un buen distrito escolar puede aumentar el valor de tu propiedad y atraer a futuros compradores, no es el único factor que añade valor. Otras características del barrio, como estar cerca de un lago, un campo de golf, opciones de ocio vibrantes o amenities únicas, también pueden aumentar significativamente el atractivo de una casa.

Es muy útil explorar los vecindarios en persona. Pasa un fin de semana conduciendo por los alrededores, visitando lugares locales e imaginándote viviendo allí.

Visualiza tus zonas ideales: Utiliza un mapa -físico o digital- y marca las zonas en las que considerarías vivir. Si tu objetivo es mantenerte dentro de un trayecto de 40 minutos desde una ubicación específica, dibuja un círculo con ese radio alrededor de tu punto clave. Esta es una forma fácil y práctica de enfocar tu búsqueda. ¿No estás seguro de por dónde comenzar? Empieza por identificar los lugares que más te importan, como tu lugar de trabajo, tu familia o tus lugares favoritos.

Si tienes dudas sobre vecindarios específicos, ¡no pasa nada! Empieza por identificar un radio general alrededor de tus destinos clave. A medida que conozcas mejor las distintas zonas, podrás afinar tu búsqueda

Dato curioso: Algunos compradores se presentan a los posibles vecinos antes de hacer una oferta. No es mala idea: vivirás junto a ellos, así que te ayudará a hacerte una idea del ambiente de la comunidad antes de comprometerte.

Paso 5: Las necesidades de tu estilo de vida: El tipo de casa importa: El tipo de casa que elijas debe ajustarse a tu estilo de vida, prioridades y objetivos a largo plazo. ¿Buscas una vivienda que requiera poco mantenimiento, espacio para una familia en crecimiento o un espacio único que puedas llamar tuyo? Tus preferencias en cuanto a mantenimiento, privacidad y funcionalidad te ayudarán a tomar esta decisión. A continuación, desglosamos los tipos de vivienda más comunes y cómo se adaptan a los distintos estilos de vida.

Tipos de viviendas

- **Casa adosada o condominio**: Ideal para vivir con poco mantenimiento. Tendrás menos trabajo de jardinería y a menudo compartirás los gastos de mantenimiento con otros propietarios. Si viajas mucho o sólo buscas una segunda vivienda para unos meses al año, suelen ofrecer un estilo de vida "cierra y vete". Sin embargo, también tendrás menos privacidad.
- **Dúplex:** A menudo son más asequibles, puedes comprar una unidad o todo el dúplex y alquilar la otra parte, lo que puede ayudarte a alcanzar tus objetivos de capital más rápidamente.
- **Vivienda unifamiliar de segunda mano (no nuevas)**: Ofrece más espacio, privacidad y, a menudo, un patio. Pero prepárate para un mayor mantenimiento y facturas de servicios más elevadas.
- **Casa de una sola planta**: Ideal para quienes prefieren no tener escaleras y acceder fácilmente.
- **Casa para renovar**: Si eres habilidoso (o tienes un buen contratista), una casa para renovar puede ser una forma rentable de personalizarla a tu gusto.
- **Casa nueva**: Las casas nuevas suelen tener diseños modernos, características de eficiencia energética, facturas de servicios más bajas y electrodomésticos actualizados. Normalmente requieren menos mantenimiento inmediato y suelen incluir garantías del constructor para mayor tranquilidad.
- **Casa prefabricada o móvil**: Una opción económica que proporciona flexibilidad y asequibilidad. Aunque estas casas pueden tener menos opciones de personalización, pueden ser

una opción excelente para quienes buscan una forma más rentable de poseer una propiedad.

- **Casa pequeña (Tiny Home)**: Ideal para los minimalistas o los que quieren reducir su tamaño, las Tiny houses ofrecen asequibilidad, poco mantenimiento y una huella ecológica menor.
- **Casa construida a medida**: Esta opción es ideal para quienes desean un control total sobre el diseño de su casa, la distribución y las características. Aunque es más cara por adelantado, garantiza que la casa se adapte exactamente a tus necesidades y preferencias.
- **Propiedad multifamiliar**: En esta categoría se incluyen los tríplex o cuádruplex, ideales para inversores o para quienes deseen vivir en una unidad y alquilar las otras para generar ingresos y acumular capital.
- **Casa de campo o cabaña**: A menudo, las casitas y cabañas más pequeñas y acogedoras son ideales para casas de vacaciones o para quienes buscan encanto y carácter en un entorno rural.

Conclusión: Elegir el tipo de vivienda adecuada consiste en encontrar el equilibrio entre tu estilo de vida, tu presupuesto y tus objetivos a largo plazo. Tanto si te atrae el plus del bajo mantenimiento de un departamento, el potencial de personalización de una casa de segunda mano o las oportunidades de inversión de una propiedad multifamiliar, comprender los pros y los contras de cada opción te ayudará a tomar una decisión informada. Tómate tu tiempo para evaluar tus necesidades y encontrarás la casa que mejor se adapte a tu estilo de vida.

Paso 6: ¿Nueva o usada? Elegir la casa perfecta para tu estilo de vida, a decir verdad, no existe, ninguna casa es perfecta. Cada casa tiene sus peculiaridades, ya sea un cuarto de baño diminuto, una cocina anticuada o una tabla del suelo que chirría. En lugar de perseguir la perfección, céntrate en cómo la posible casa puede satisfacer tus necesidades y convertirse con el tiempo en el espacio que imaginas.

Consejos para mantener tu mente abierta

- **Prioriza lo esencial**: Identifica tus condiciones imprescindibles y sé flexible con tus deseos. No es necesario que una casa marque todas las casillas para que encaje a la perfección.
- **Mira más allá de la estética**: Los colores de la pintura, el papel pintado y las lámparas son fáciles de actualizar. Céntrate en la estructura y la distribución.
- **Piensa en las mejoras a lo largo del tiempo**: Las pequeñas reformas hechas gradualmente pueden transformar una casa sin desbordar tu presupuesto.

Viviendas nuevas frente a usadas: ¿Qué te conviene más?

La elección entre una vivienda nueva o usada puede influir significativamente en tu experiencia. Aquí te presentamos los pros y los contras de cada opción:

Viviendas nuevas

- **Listas para entrar a vivir**: A estrenar y conforme a las normas, para empezar sin problemas.
- **Mantenimiento mínimo**: Menores costes de mantenimiento en los primeros años.
- **Opciones personalizables**: Si la compras antes de que finalice la construcción, a menudo puedes elegir acabados y mejoras.
- **Garantías del constructor**: La mayoría de las casas nuevas vienen con garantías que cubren los principales sistemas, electrodomésticos y elementos estructurales durante un período determinado. Esta tranquilidad adicional puede ahorrarte costos significativos de reparación durante los primeros años de ser propietario.

Viviendas usadas

- **Más carácter**: Las casas antiguas suelen tener un encanto único y rasgos distintivos.
- **Barrios establecidos**: Los barrios maduros pueden ofrecer árboles más grandes, espacios comunitarios definidos y más servicios.
- **Asequibilidad**: Las casas antiguas suelen costar menos por metro cuadrado.
- **Garantías limitadas**: A diferencia de las casas nuevas, las casas usadas no suelen venir con garantías del constructor. Sin embargo, puedes negociar una garantía de la vivienda en la venta, que puede cubrir ciertas reparaciones o sustituciones de electrodomésticos y sistemas durante el primer año de propiedad.

Si estás pensando en comprar una casa usada, piensa en las posibles necesidades de reforma. Una casa para renovar puede ser una forma rentable de personalizar una propiedad, pero es importante saber en qué te estás metiendo.

Consejo profesional: Antes de comprometerte, haz una lista detallada de las reparaciones o actualizaciones y pide presupuestos a los contratistas. Por ejemplo, sustituir el tejado puede ser factible, pero remodelar toda la cocina podría ir más allá de tu presupuesto.

Dato curioso: Algunos compradores se hacen un "selfie del día del cierre" con sus llaves, ¡es una forma divertida de celebrarlo y recordar el gran momento!

Conclusiones clave del Capítulo 2

- **No existe la casa perfecta**: Acepta las peculiaridades y céntrate en el potencial de una casa para satisfacer tus necesidades.
- **Casas nuevas frente a usadas:** Las casas nuevas ofrecen comodidades modernas y garantías, mientras que las casas usadas pueden aportar carácter y asequibilidad.
- **Orientación de un agente inmobiliario**: Tanto si compras una vivienda nueva como una usada, un agente inmobiliario puede ofrecerte su valiosa experiencia, defensa y capacidad de negociación para ayudarte a conseguir el mejor valor.
- **Piensa a largo plazo**: Las pequeñas remodelaciones y mejoras graduales pueden transformar con el tiempo cualquier casa en el espacio de tus sueños.

Resumen: Encontrar la zona, el barrio y el tipo de vivienda adecuados es tan crucial como elegir la distribución perfecta. En este capítulo hemos explorado los factores clave a tener en cuenta, desde los tiempos de desplazamiento y la seguridad hasta las necesidades del estilo de vida y los objetivos a largo plazo. Aquí te hemos proporcionado las herramientas prácticas, como trazar un mapa de tus zonas ideales y evaluar los tipos de vivienda para asegurarte de que se ajusten a tus prioridades. Además, hemos delineado los pros y los contras de las casas nuevas y usadas, haciendo hincapié en la flexibilidad y centrándonos en el potencial de una casa más que en su perfección.

Cambiemos de enfoque y hablemos de cómo evitar los malentendidos y de por qué es fundamental para que todo el mundo esté en sintonía y el proceso se desarrolle sin problemas.

Capítulo 3

Evita la falta de comunicación: La escala del 1 al 10

¿Te sientes abrumado por las opciones? Prueba este sencillo truco: valora cada característica en una escala del 1 al 10, donde 10 es "imprescindible", 5 "indiferente" y 1 "no es importante en absoluto".

Ejemplo:

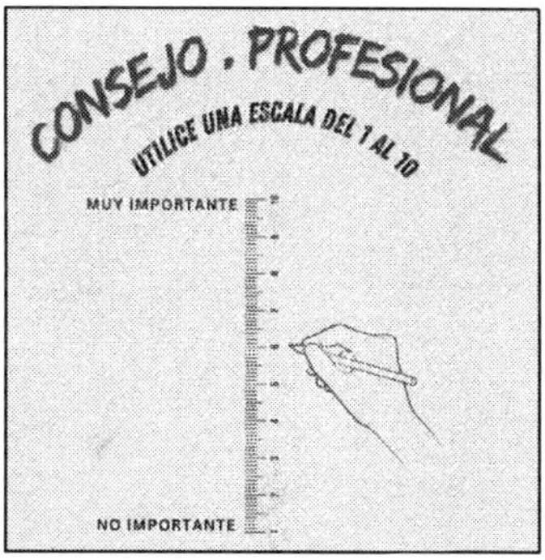

- Una oficina en casa para trabajar a distancia podría ser un 9 o un 10 si es esencial para tu rutina diaria.
- Una piscina podría ser un 3 o un 5: es bueno tenerla, pero no es un factor decisivo.

Consejo: Pide a cada responsable de la toma de decisiones que elabore su propia lista de forma independiente, y luego compara los resultados. Este enfoque fomenta conversaciones significativas y garantiza que se tengan en cuenta las preferencias de todos. Por ejemplo, si un miembro de la pareja valora tener una sala de juegos con un 8 (una fuerte preferencia) y el otro lo valora con un 5 (indiferente), la puntuación media sería de 6,5. Esto podría llevarte a explorar una mezcla de casas, algunas con salas de juegos y otras sin ellas. Después de ver unas cuantas opciones, pueden volver a puntuar, reevaluar tus prioridades y afinar tu búsqueda para crear una visión más centrada para la siguiente ronda de búsqueda de casa.

Escenario de la vida real: Evitando la falta de comunicación

John insistió en que quería un terreno en esquina, así que su esposa Lisa y su agente centraron su búsqueda exclusivamente en casas con esa característica. Sin embargo, tras semanas de frustración y opciones limitadas, John admitió que el lote en esquina sólo era un "5" en su escala de prioridades: no era esencial. ¿Su verdadera prioridad? Una cocina espaciosa. En cuanto cambiaron de objetivo, encontraron rápidamente la casa de sus sueños.

De abrumado a alineado: el marco de decisión 1-10

La comunicación clara con otros responsables de la toma de decisión es fundamental a la hora de buscar la casa ideal. Tener prioridades alineadas y discutir honestamente puede hacer que el proceso sea mucho más fluido y productivo. Una experiencia memorable con John y Lisa pone de relieve cómo el método 1-10 puede evitar la falta de comunicación y garantizar que la búsqueda siga por buen camino.

Desde el principio, John mencionó con frecuencia su deseo de tener un lote en esquina, y su insistencia repetida llevó a Lisa y a su agente a centrarse únicamente en casas con esa característica. Esto redujo considerablemente sus opciones, lo que dificultó encontrar casas que cumplieran sus otros criterios esenciales.

Tras varias semanas de progresos limitados, el agente le preguntó a John: "En una escala del 1 al 10, ¿qué importancia tiene para ti tener un lote en esquina?". Para sorpresa de todos, lo calificó con un 5. Cuando el agente le preguntó por qué lo había mencionado tan a menudo, John explicó: "Pensé que los lotes en esquina podrían proporcionar más espacio y privacidad, pero no es un factor decisivo. Era algo que mi padre siempre me recomendaba. Lo que realmente necesitamos es una cocina espaciosa y una distribución que se adapte a nuestro estilo de vida".

Esta toma de conciencia fue un punto de inflexión. Al cambiar el enfoque hacia sus verdaderas prioridades, el agente les ayudó a ampliar la búsqueda y rápidamente encontraron una casa que satisfacía todas sus necesidades esenciales, aunque no estuviera en una esquina. Resultó ser la opción ideal para ellos.

Lección aprendida: Es esencial centrarse en lo que realmente importa para tus necesidades y estilo de vida, no en las preferencias o suposiciones de otros.

Consejo para la vida cotidiana: La versatilidad del método 1-10

Utilizar una escala del 1 al 10 no sólo es útil para buscar casa, sino que es una herramienta excelente para la comunicación diaria. Tanto si valoras cuánto te ha gustado una comida, como si decides asistir a un concierto o planeas dónde irte de vacaciones, este método aporta claridad y contexto. En lugar de respuestas vagas como "Está bien", asignar un número ayuda a los demás a comprender la intensidad o importancia de tus preferencias.

Este enfoque fomenta el diálogo abierto, reduce los malentendidos y acelera la toma de decisiones, ¡tanto si están eligiendo una película como debatiendo qué hacer este fin de semana!

El truco para la vida, el método 1-10: Decisiones más rápidas, más claras y mejores

¿Te sientes abrumado por demasiadas opciones? Prueba a utilizar la escala del 1 al 10 para simplificar la toma de decisiones. Puntúa cada elemento de tu lista de búsqueda de casa para ayudar a priorizar lo que más importa.

- **10**: Imprescindible; no te plantearías una casa sin él.
- **5**: Indiferente; es bonito, pero tampoco es gran cosa.
- **1**: No es importante en absoluto.

Si un miembro de la pareja valora una característica con un 10 y el otro le da un 5, vale la pena discutir su importancia y encontrar un terreno común. Este método ayuda a asegurar que se tengan en cuenta las preferencias de todos y puede guiarlos hacia la casa que mejor se adapte a todos los implicados en la decisión.

Tu lista de verificación para buscar casa: Escala del 1 al 10: Recordatorio: Cada responsable de la toma de decisiones debe rellenar esto individualmente. Rodeen con un círculo el punto que más les convenga y puntúenlo. Una vez completado, comparen sus respuestas, discutan sus prioridades y pónganse de acuerdo sobre el resultado final para las prioridades compartidas del grupo y las clasificaciones de la escala.

	Lista de verificación para la compra de vivienda	**Calificación 1-10**	**Notas** (si quieres exponer tus pensamientos)
Tipo de casa	Casa adosada, condominio, dúplex, vivienda unifamiliar, etc.		
	Casas nuevas, usadas, para remodelar		

	Lista de verificación para la compra de vivienda	**Calificación 1-10**	**Notas** (si quieres exponer tus pensamientos)
Almacena miento & Practicidad	Espacio de almacenamiento (armarios, ático, sótano)		
	Disponibilidad de garaje o estacionamiento		
	Almacenamiento para artículos recreativos (bicicletas, barcos, etc.)		
	Almacenamiento para decoraciones de temporada		
	Tamaño del lavadero o ubicación		

Escanea para descargar en formato editable e imprimible.

	Lista de verificación para la compra de vivienda	Calificación 1-10	Notas (si quieres exponer tus pensamientos)
Características de la propiedad	Número de habitaciones		
	Número de baños		
	Otras habitaciones: (sala de juegos, sala de cine, zonas formales, etc.)		
	Casa de 1, 2 o 3 pisos		
	Chimenea		
	Superficie total en metros cuadrados		
	Tamaño y distribución de la cocina		
	Altura del techo		
	Distribución y flujo de la planta		
	Espacio para futuras ampliaciones		
	Estilo de la casa o diseño arquitectónico		
	Tamaño del patio o jardín		
	Espacio exterior para entretenimiento		
	Atractivo exterior (¿es más importante el interior o la ubicación?)		
	Vista		

	Lista de verificación para la compra de vivienda	Calificación 1-10	Notas (si quieres exponer tus pensamientos)
Ubicación	Ubicación		
	Proximidad al trabajo		
	Proximidad a familiares y amigos		
	Acceso al transporte público		
	Áreas de recreo en el barrio		
	Seguridad vecinal		
	Calidad de la zona escolar		
	Patrones de tráfico de cercanías (y rutas alternativas)		

	Lista de verificación para la compra de vivienda	Calificación 1-10	Notas (si quieres exponer tus pensamientos)
Tecnología y Conectividad	Calidad de Internet y del servicio celular		
	Disponibilidad de espacio para oficina en casa		

Escanea para descargar en formato editable e imprimible.

	Lista de verificación para la compra de vivienda	Calificación 1-10	Notas (si quieres exponer tus pensamientos)
Condición & Mantenimiento: (Si sólo buscas Casas Nuevas, puedes saltarte esta sección)	Estado del techo		
	Antigüedad y estado de los sistemas principales (calefacción, ventilación, cañerías, electricidad)		
	Eficiencia energética		
	Listo para mudarse		
	Potencial de renovaciones o mejoras		
	Presión del agua y calidad de las cañerías		
	Calidad de los electrodomésticos (si están incluidos)		

	Lista de verificación para la compra de vivienda	Calificación 1-10	Notas (si quieres exponer tus pensamientos)
Contraprestaciones financieras	Precio y asequibilidad		
	Impuestos locales y costos de servicios públicos		
	Zona inundable o riesgo de catástrofe natural		
	Futuro valor de reventa		
	Leyes de zonificación o futuros desarrollos en la zona		

	Lista de verificación para la compra de vivienda	Calificación 1-10	Notas (si quieres exponer tus pensamientos)
Comunidad & Servicios	Servicios comunitarios (piscinas, parques, gimnasios)		
	Estilo de vida Lock & Leave ("cerrar e irte")		
	Tiendas y restaurantes cercanos		
	Proximidad a centros de atención médica		
	Accesibilidad para personas con necesidades de movilidad		
	Disponibilidad de servicios de reciclaje y basura		
	Cuotas o restricciones de la Asociación de Propietarios (HOA)		

	Lista de verificación para la compra de vivienda	Calificación 1-10	Notas (si quieres exponer tus pensamientos)
Otros (añade aquí tus listas de verificación)			

Escanea para descargar en formato editable e imprimible.

Dato curioso: Las casas cercanas a parques y zonas verdes suelen tener valores de reventa más altos.

Conclusiones clave del Capítulo 3

- **Aclara las prioridades**: Utiliza la escala del 1 al 10 para identificar lo que más importa y comunícalo abiertamente a los responsables de la toma de decisiones.
- **Evita las suposiciones**: No te bases únicamente en las repetidas menciones de una característica: pregunta por qué es importante y cómo se adapta a tu estilo de vida.
- **Acepta la flexibilidad**: Muéstrate abierto a reevaluar y perfeccionar las prioridades a medida que exploras casas.
- **Céntrate en lo esencial**: Recuerda que ninguna casa lo tendrá todo, pero la adecuada cumplirá con tus necesidades más importantes.
- **Ten en cuenta el panorama general**: Encontrar la casa adecuada consiste en crear un lugar que se adapte a tu vida y a tu futuro, no en marcar todas las casillas de tu lista de deseos.

Resumen: Encontrar la casa adecuada es algo más que ladrillos y cemento: se trata de crear un espacio que funcione para tu vida. Mantente abierto, sé fiel a tus prioridades y disfruta del proceso. Reconocerás la casa adecuada cuando la encuentres, ¡como si hubieras descubierto un escondite secreto con tu chocolate favorito!

Ya has aclarado tus prioridades, ahora es el momento de averiguar cómo hacer una oferta ganadora.

"TU MAYOR ERROR FINANCIERO
FUE NO COMPRAR UNA CASA A
LOS 5 AÑOS".
- DAVE RAMSEY
Hogar Dulce Hogar

Capítulo 4

Una vez que encuentro una casa, ¿cómo sé cuánto ofrecer?

Has encontrado una casa que parece "la ideal", el tipo de lugar que acelera tu corazón y hace volar tu imaginación. Ahora llega uno de los pasos más cruciales del proceso de compra: decidir cuánto ofrecer. Piensa en ello como en un juego estratégico: tendrás que equilibrar tu entusiasmo con una planificación cuidadosa, manteniendo algunas cartas bajo la manga. Este capítulo te guiará a través del proceso de elaboración de una oferta competitiva pero justa. Si algún término o concepto te parece poco claro, recuerda consultar el glosario al final del libro para obtener explicaciones rápidas. Una vez que domines este paso, estarás preparado para avanzar con confianza.

Comprender el valor justo de mercado: ¿Cuánto vale realmente la casa?

Antes de decidirte a realizar una oferta, es esencial determinar el valor justo de mercado de la vivienda, es decir, lo que vale en el mercado actual. En el sector inmobiliario, hay un dicho que lo resume todo: los tres factores más importantes para determinar el valor de una propiedad son: ubicación, ubicación y ubicación.

El valor justo de mercado se determina por varios factores:

- **Ubicación**: Si estás en una gran área metropolitana, ¿cuál es la distancia al centro de la ciudad? Aunque no trabajes allí ni vayas a ir al centro, esto es importante para un alto porcentaje de compradores de vivienda, por lo que puede afectar a cuánto y con qué rapidez puede subir el valor de tu casa.

- **Ubicación**: ¿Cuál es la distancia a los puestos de trabajo, tiendas, hospitales, escuelas y restaurantes?
- **La ubicación**: Un lugar privilegiado aumenta el valor de la vivienda, mientras que una ubicación menos deseable podría reducirlo. Un lugar privilegiado puede significar que está a una distancia razonable del centro de la ciudad, como ya se ha dicho, pero también puede significar que está cerca de un lago, de lugares de ocio, de atracciones o de actividades al aire libre,
- **Estado de conservación**: ¿La casa está en condiciones de ser habitada, o necesita reparaciones menores o mayores?
- **Ventas comparables (Comps)**: Tu agente inmobiliario puede proporcionártelas y repasarlas contigo. Se trata de ventas recientes de casas similares en la zona, y son tu mejor pista sobre una oferta justa. Es importante recordar que una casa puede estar en venta a cualquier precio, lo que significa que algunas casas pueden estar sobrevaloradas. Al revisar "comps", céntrate en propiedades que se hayan vendido y cerrado oficialmente para obtener una comparación precisa.

Declaración del vendedor: lo que debes saber

La declaración del vendedor es un documento proporcionado por el vendedor en el que se describen los problemas o defectos conocidos de la vivienda. Es una herramienta valiosa para que los compradores comprendan el estado de la vivienda más allá de lo que se ve a simple vista. La declaración puede incluir detalles sobre reparaciones anteriores, problemas de mantenimiento en curso o problemas potenciales como daños por humedades, problemas de cimentación o fallas eléctricas.

En la mayoría de los casos, recibirás la declaración del vendedor antes de hacer una oferta. Revisar detenidamente este documento puede ayudarte a decidir si seguir adelante, solicitar inspecciones adicionales o negociar reparaciones o concesiones. Sin embargo, no todos los estados exigen que los vendedores faciliten una declaración. Si el vendedor no la proporciona como es debido o si algo de lo que figura en la declaración suscita preocupación, puedes tener derecho a rescindir la venta, dependiendo de las leyes de tu zona y de las condiciones del contrato. Tu agente puede orientarte sobre la mejor forma de proceder.

Depósito en garantía:

- El depósito en garantía es un anticipo de dinero que los compradores entregan para demostrar que se toman en serio la compra de una casa. Suele oscilar entre el 1% y el 5% del precio de compra, aunque a veces puede ser mayor según el mercado, y es negociable. Aunque técnicamente no es obligatorio, la mayoría de los vendedores lo esperan como señal de compromiso y es posible que no tomen en serio tu oferta sin él.
- Los fondos se mantienen en custodia y se aplican a tus gastos de cierre o al pago inicial al final de la transacción. Si la operación fracasa por motivos especificados en el contrato - como una inspección fallida o problemas de financiamiento- el dinero suele ser reembolsable. Sin embargo, si no cumples con tus obligaciones, como hacer una compra importante no aprobada que descalifique tu préstamo o echarte atrás sin una razón contractual válida, es probable que el vendedor se quede con ese dinero.

CMA: Tu arma secreta para una oferta inteligente

Un **Análisis Comparativo de Mercado (CMA**, por sus siglas en inglés**)** es un informe detallado que te proporciona tu agente inmobiliario y que analiza el mercado local. Es como la base de investigación para determinar el precio de tu oferta.

¿Qué contiene un CMA?

- **Ventas recientes** de viviendas similares en la zona (normalmente en los últimos 6 meses).
- **Precio de venta vs. precio de venta**: ¿Qué tan cercanos estaban? Esto te ayuda a saber si las casas se venden por encima, por el mismo precio o por debajo del precio de venta.

- **Casas comparables:** Muchos factores influyen en el valor de una casa. Entre las consideraciones clave están los metros cuadrados (normalmente dentro de los 20 metros cuadrados de la casa que estás considerando), la ubicación (distancia de la propiedad en cuestión), el mismo distrito escolar, el tamaño del lote, el número de baños y otras características esenciales.
- **Días en el mercado**: Cuanto más tiempo pase una casa en el mercado, más poder de negociación tendrás.

Tu agente utilizará esta información para ayudarte a elaborar una oferta competitiva pero justa. Aunque puede resultar tentador empezar con una oferta baja y negociar al alza, ten cuidado: una oferta baja podría resultar contraproducente y ofender al vendedor o hacer que pierdas la casa en favor de otro comprador, sobre todo en un mercado competitivo.

Negociar: Conseguir el mejor acuerdo sin perder la casa

Negociar puede asimilarse a un baile de tango. Se trata de hacer los movimientos adecuados en el momento adecuado.

Estrategia para una negociación exitosa

- **Conoce tus límites**: Establece límites claros. Determina la cantidad máxima que puedes ofrecer antes de iniciar las negociaciones y comprométete a cumplirla. Sin embargo, si sientes que esa casa es realmente la casa de tus sueños, considera la posibilidad de ser flexible: no dejes que unos pocos miles de dólares se interpongan entre tú y la casa que has estado buscando.
- **Sé flexible**: Si el vendedor no cede en el precio, considera la posibilidad de pedir concesiones, como cubrir los gastos de cierre, ayudar a reducir tu tasa de interés y pagar la garantía de la casa, incluidos los electrodomésticos, muebles, cobertizo o equipos de jardinería que vengan con la venta de la casa.
- **Mantén la calma**: Es fácil apegarse emocionalmente, pero respirar hondo, dar un largo paseo y mantener la cabeza fría te ayudará a negociar mejor.

- **Qué es importante para el vendedor:** Negociar no sólo tiene que ver con el precio; comprender las prioridades del vendedor puede darte una ventaja real. Algunos vendedores pueden dar prioridad a un plazo de cierre más rápido, menos condiciones o incluso vender la casa tal cual para evitar reparaciones. La flexibilidad en la fecha de mudanza también puede ser crucial, sobre todo si el vendedor necesita más tiempo para la transición. Si elaboras una oferta que se ajuste a estas prioridades, puedes hacerla más atractiva, aunque tu oferta no sea la más alta.

Esta es la realidad: en un mercado competitivo, puede que tengas que ofrecer el precio de venta (o incluso por encima de él) para ganar. Pero en un mercado más lento, puede que tengas margen para negociar a la baja. La experiencia de tu agente será la clave: confía en sus consejos.

El papel del tasador: Confirmar el valor

Incluso después de acordar un precio con el vendedor, el banco querrá asegurarse de que la casa vale esa cantidad. Aquí entra en juego el **tasador**.

¿Qué hace un tasador?

- Evalúa la vivienda en función de su estado, ubicación y ventas recientes comparables.
- Proporciona un **informe de tasación** que ofrece una estimación imparcial del valor de la vivienda.

Si la tasación **es inferior a tu oferta**, es posible que tengas que renegociar con el vendedor, o a menudo tendrás que poner más dinero sobre la mesa. Si la tasación **es igual o superior a la oferta**, estás en buena posición y puedes seguir adelante con confianza.

¿Quién paga qué? Desglose de los costos

Al comprar una casa, es esencial saber quién cubre qué durante la transacción, ya que esto puede influir en las negociaciones. Por ejemplo, si tu prioridad es minimizar los gastos de tu bolsillo, puedes pedir al vendedor que cubra los gastos de cierre, pero prepárate para ofrecer el precio completo o más. Por otra parte, si tu objetivo principal es conseguir el precio más bajo, evita pedir una larga lista de extras. La clave está en priorizar lo que más te importa y estructurar tu oferta en consecuencia.

Gastos típicos del comprador

- **Pago inicial**: Un porcentaje del precio de compra, normalmente entre el 3% y el 20%, dependiendo de tu tipo de préstamo. Es posible que tu prestamista exija un pago inicial mínimo en función del tipo de préstamo, o puedes optar por poner más dinero de entrada.
- **Gastos de cierre**: Pueden incluir los honorarios del prestamista, honorarios de la tasación, honorarios de la inspección de la vivienda, el seguro del título, los honorarios de la Asociación de Propietarios, los pagos anticipados (impuestos y seguro) y podría haber algún gasto más. Normalmente, estos costos oscilan entre el 2% y el 5% del precio de compra.
- **Inspección de la vivienda**: ¡Muy recomendable! Normalmente la paga el comprador y puede revelar cualquier posible problema de la vivienda.
- **Seguro del propietario**: Requerido antes del cierre. Protege tu inversión.
- **Gastos de traspaso de la comunidad de propietarios:** Normalmente, las cuotas de traspaso de la comunidad de propietarios (cuotas que cobra la comunidad de propietarios por traspasar la propiedad del inmueble al nuevo comprador) son **negociables** entre el comprador y el vendedor. Sin embargo, quién las paga suele depender de las costumbres locales, las condiciones del contrato de compraventa y las negociaciones durante la transacción.
    - **En algunas zonas,** los vendedores suelen cubrir los gastos de traspaso de la Asociación de Propietarios como parte de los gastos de cierre.

- **En otras zonas,** se puede esperar que paguen los compradores, sobre todo si el mercado favorece a los vendedores.
- Revisa siempre detenidamente el contrato de compraventa y discute estos detalles con tu agente inmobiliario para entender lo que es habitual en tu zona y cómo negociar si es necesario.

Gastos típicos del vendedor

- **Comisiones de los agentes inmobiliarios**: Suelen rondar entre el 5% y el 7% del precio de venta de la vivienda, repartidas entre los agentes del comprador y del vendedor. (Profundizaremos en las comisiones más adelante en el libro, pero por ahora, recuerda que son negociables, incluyendo quién paga las comisiones del agente inmobiliario. Sin embargo, optar por una comisión más baja puede significar sacrificar el nivel de experiencia y orientación que necesitas).
- **Reparaciones o concesiones**: Si se detectan problemas durante la inspección, el vendedor puede cubrir el costo de las reparaciones u ofrecer un crédito al cierre. (Nuevamente, esto es negociable, y el vendedor NO está obligado a realizar las reparaciones)
- **Impuestos sobre la propiedad prorrateados**: Los vendedores suelen pagar una cantidad prorrateada de los impuestos sobre la propiedad hasta la fecha del cierre.

Sin embargo, estos costos no están grabados en piedra. Durante las negociaciones, puedes pedir al vendedor que cubra algunos de los costos de cierre o solicitar otras compensaciones, lo que puede ayudar a reducir los gastos de tu bolsillo.

Garantías: Protege tu inversión

Una **garantía para el hogar** es como una póliza de seguro para los principales sistemas y electrodomésticos de tu casa. No es obligatoria, pero vale la pena considerarla. Si **sólo estás considerando viviendas nuevas, y el constructor incluye las garantías,**

puedes saltarte esta sección sobre garantías. Sin embargo, si estás mirando casas usadas, quizás quieras considerar la posibilidad de adquirir una garantía de vivienda. A veces, incluso puedes negociar que el vendedor corra con los gastos.

¿Qué cubre una garantía para el hogar?

- **Electrodomésticos**: Piensa en el frigorífico, el horno, el lavavajillas y, a veces, la lavadora y la secadora.
- **Sistemas**: Calefacción, ventilación y aire acondicionado, plomería, electricidad y más.
- **Reparaciones limitadas**: Si algo se rompe, la garantía puede cubrir el costo del arreglo o su reemplazo, aunque es posible que tengas que pagar un deducible o un copago.
- **Cimientos:** Normalmente están incluidos en la garantía del constructor, pero probablemente no en una casa usada.

Algunos vendedores incluyen una garantía doméstica como parte del trato para endulzar la oferta, mientras que otros pueden acceder a pagar por una si se lo pides durante las negociaciones. Hay muchas compañías de garantías, así que asegúrate de revisar las condiciones específicas y la cobertura que ofrece la empresa que elijas.

Estrategia final para hacer una oferta

1. **Empieza por el valor justo de mercado**: Utiliza el CMA (análisis comparativo del mercado) para orientar tu oferta.
2. **Ten en cuenta tu presupuesto**: Cuando determines tu oferta, ten en cuenta el pago inicial, los gastos de cierre y los posibles gastos de reparación.
3. **Sé estratégico**: En una guerra de ofertas, tu agente puede recomendarte que incluyas una **cláusula de escalada**, que aumente automáticamente tu oferta a una cantidad determinada si alguien puja más alto.
4. **Comprende las contingencias**: Las contingencias más comunes son la financiación, la tasación y la inspección de la vivienda. Estas te brindan una salida legal si algo sale mal.

5. **Utiliza la "escala del 1 al 10"**: Si estás indeciso entre varias casas, valora cada una de ellas en una escala del 1 al 10, teniendo en cuenta factores como el precio, la ubicación, el estado y el potencial. Permite que esto te ayude a orientar tu decisión final.

Dato curioso: ¿Sabías que las viviendas suelen venderse por una media del 98% de su precio de venta, y muchas incluso por más en mercados competitivos? Esto pone de relieve la importancia de un precio realista y una negociación estratégica para obtener una ventaja.

Conclusiones clave del Capítulo 4

- Comprende el Valor Justo de Mercado: Utiliza factores como la ubicación, el estado y las ventas comparables (comps) para determinar una oferta competitiva.
- Revisa la Declaración del Vendedor: Comprueba si hay posibles problemas o reparaciones que debas tener en cuenta en tu oferta.
- La fianza es importante: Un depósito del 1%-5% del precio de compra demuestra que vas en serio y refuerza tu oferta.
- Negocia estratégicamente: Equilibra el precio y las concesiones del vendedor para alinearlos con tus prioridades.
- Incluye contingencias: Protégete con contingencias de inspección, financiación y tasación.

Resumen: Hacer una oferta por una casa es un paso fundamental en el proceso de compra de una vivienda. Requiere una mezcla de cuidadosa investigación, planificación estratégica y negociación meditada. Desde determinar el valor justo de mercado de la vivienda utilizando herramientas como los CMA hasta comprender la importancia de las declaraciones del vendedor y el depósito de garantía, este capítulo te ha guiado a través de los aspectos esenciales para elaborar una oferta convincente pero realista. Ya sea negociando el precio o consiguiendo concesiones, tener un plan claro y trabajar en estrecha colaboración con tu agente puede ayudarte a dar con confianza este paso hacia la propiedad de una vivienda.

Comprender el mercado es clave para hacer una oferta competitiva pero inteligente. En el próximo capítulo exploraremos cómo influye el mercado inmobiliario en tu proceso de compra de vivienda.

Capítulo 5

Comprende el mercado inmobiliario

Comprar una casa se parece mucho a entrar en un juego en el que las reglas pueden cambiar en cualquier momento. Diversos factores influyen en el mercado inmobiliario, haciendo que los precios suban o bajen. Comprender estos factores puede ayudarte a tomar una decisión de compra más inteligente, calcular mejor el momento de la compra e incluso ahorrar dinero a largo plazo.

¿Por qué suben y bajan los precios de las casas?

Los precios de las casas no se mueven al azar. Están influidos por varios factores que cambian a lo largo del tiempo. Aquí te presentamos un rápido resumen de algunos de los factores que causan que los precios suban o bajen:

Factores clave que influyen en los precios

- **Tasas de interés**: Cuando las tasas son bajas, más gente cree que puede permitirse comprar una vivienda, lo que aumenta la demanda (es importante señalar que cuando las tasas son bajas, el precio de la vivienda suele subir).
- **Condiciones económicas**: Una economía fuerte suele significar un aumento de los precios de la vivienda, mientras que una economía débil puede provocar una caída de los precios.
- **Políticas gubernamentales**: Los incentivos fiscales, los cambios en las tasas de interés o las nuevas normativas sobre vivienda pueden influir en el precio de la vivienda.
- **Mercado laboral y tendencias de empleo:** Las zonas con crecientes oportunidades de empleo atraen a más compradores, lo que hace subir los precios. Por el contrario,

los mercados laborales en declive pueden reducir la demanda y bajar los precios.

- **La inflación:** El aumento de la inflación incrementa el costo de los materiales de construcción y de la mano de obra, lo que puede elevar el precio de la vivienda. También afecta al poder adquisitivo de los compradores.
- **Crecimiento o descenso de la población:** La afluencia de personas a una región aumenta la demanda de vivienda, elevando los precios. El descenso de la población tiene el efecto contrario, reduciendo la demanda y los precios.
- **Condiciones del mercado local:** Los factores específicos del barrio, como la calidad de los colegios, los índices de delincuencia o los servicios cercanos, pueden hacer subir o bajar los precios, independientemente de las tendencias nacionales.
- **Disponibilidad de hipotecas:** Cuando las entidades crediticias endurecen los requisitos de crédito, menos personas pueden acceder a los préstamos, lo que reduce la demanda y hace bajar los precios. Un acceso más fácil al crédito tiene el efecto contrario.

La gran conclusión es que el mercado es como un organismo vivo, que cambia constantemente y reacciona a nuevos factores. Por eso a veces verás casas que salen volando del mercado o, en otras ocasiones, que permanecen a la venta durante meses.

Oferta y Demanda: El corazón del mercado

En esencia, el sector inmobiliario se rige por la **oferta y la demanda**.

Oferta

- Es el número de viviendas disponibles para la venta. Cuando hay mucha oferta (muchas viviendas en venta), los compradores tienen más opciones, y los precios tienden a estabilizarse o incluso a bajar.

- Cuando la oferta es baja (hay menos viviendas en venta), los compradores compiten por las limitadas opciones, haciendo subir los precios.

Demanda

- La demanda se refiere al número de compradores que buscan activamente una vivienda. Cuando la demanda es alta, los precios tienden a subir.
- Entre los factores que impulsan la demanda están las bajas tasas de interés, un mercado laboral fuerte y el crecimiento demográfico.

Dicho de forma más sencilla, **más demanda + menos oferta = precios más altos**, y **más oferta + menos demanda = precios más bajos**.

La revalorización: Por qué el valor de la vivienda suele subir con el tiempo

La revalorización es uno de los aspectos más emocionantes de la compra de una vivienda. Es el aumento del valor de tu vivienda a lo largo del tiempo, y puede verse influido por:

- **Ubicación**: Las casas situadas en zonas populares (buenos colegios, proximidad al trabajo, etc.) o que tienen un atractivo único, como la vida junto a un lago, cerca de lugares de ocio, o cualquier otro atractivo significativo, suelen revalorizarse más rápido.
- **Mejoras**: Renovar una cocina, añadir un cuarto de baño o incluso añadir una ducha a un medio baño puede aumentar el valor de una casa.
- **Tendencias del mercado**: Una economía fuerte o una demanda creciente pueden provocar una subida generalizada de los valores.

Sin embargo, la revalorización no siempre está garantizada. En algunos casos, el valor de la vivienda puede disminuir, especialmente durante las recesiones económicas. No obstante, a largo plazo, los bienes inmuebles han sido generalmente una inversión sólida que tiende a revalorizarse.

Dato curioso: Las viviendas en los Estados Unidos suelen revalorizarse a una tasa media anual **del 3% al 5%**, y en épocas o zonas de rápido crecimiento, esta tasa puede ser mayor, incluso del 10-15% o más. Aunque la Reserva Federal tiene como objetivo una **tasa de inflación del 2%**, la tasa media de inflación a largo plazo en los Estados Unidos ronda **el 3,2%.** Esto significa que, en la mayoría de los casos, el valor de tu vivienda crece más rápido que la inflación, ofreciéndote una poderosa protección contra el aumento de los costos y acumulando patrimonio con el tiempo

Mercado de compradores frente a mercado de vendedores: El momento es importante

Cuando escuchas a la gente hablar de un **mercado de compradores** o de un **mercado de vendedores**, se refieren a quién tiene la sartén por el mango en las negociaciones.

En el sector inmobiliario, el **inventario** se refiere al número de viviendas disponibles para la venta. La cantidad de existencias se mide en términos de cuántos meses se tardaría en vender todas las viviendas disponibles al ritmo actual de ventas, suponiendo que no salgan al mercado nuevas propiedades.

6 meses de inventario suele considerarse **un mercado equilibrado o nivelado,** en el que la oferta y la demanda son relativamente iguales. En este escenario, ni compradores ni vendedores tienen una ventaja significativa. Los precios suelen permanecer estables.

Mercado de compradores

- **¿En qué consiste?** Se produce cuando hay más viviendas en venta que compradores dispuestos a comprar.

- **¿En qué te afecta?** Tienes más influencia para negociar un precio más bajo, solicitar reparaciones o conseguir que el vendedor cubra algunos gastos de cierre.
- **Señales de un mercado de compradores**: Las viviendas permanecen más tiempo en el mercado, los vendedores ofrecen incentivos y los precios pueden bajar.
- **Más de 6 meses de inventario** se considera un **mercado de compradores** porque la oferta supera a la demanda. Los vendedores pueden tener que bajar los precios u ofrecer incentivos para atraer a los compradores, lo que le brinda una ventaja a los compradores.

Mercado de vendedores

- **¿En qué consiste?** Es cuando hay más compradores que viviendas en venta.
- **¿Cómo te afecta?** Prepárate para guerras de ofertas, precios más altos y menos concesiones del vendedor.
- **Señales de un mercado de vendedores**: Las viviendas se venden rápidamente, a menudo con múltiples ofertas, y los precios tienden a subir.
- **Menos de 6 meses de inventario** se considera un **mercado de vendedores** porque la demanda supera a la oferta. Con menos viviendas disponibles, los compradores compiten por unas propiedades limitadas, lo que a menudo hace subir los precios.

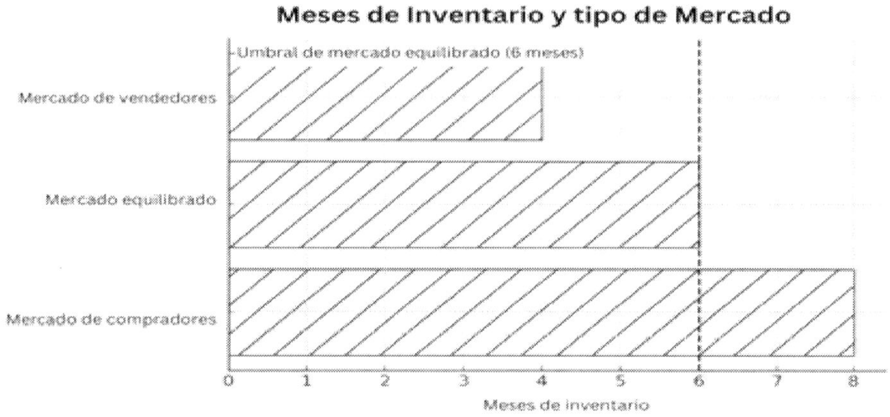

Ejemplo 1: Mercado de vendedores

- **Escenario:** Una zona urbana deseable experimenta un auge de oportunidades laborales, lo que atrae a una gran afluencia de personas. El inventario de viviendas cae a 3 meses porque las viviendas se venden rápidamente y las nuevas listas no pueden seguir el ritmo de la demanda.
- **Resultado:** Los compradores se enfrentan a una guerra de ofertas y puede que tengan que realizar ofertas por encima del precio de venta para conseguir una vivienda.

Ejemplo 2: Mercado de compradores

- **Escenario:** En una zona suburbana disminuye la demanda debido a la partida de un importante empleador. El inventario de viviendas aumenta a 9 meses porque menos gente compra, y las viviendas permanecen más tiempo en el mercado.
- **Resultado:** Los compradores pueden negociar precios más bajos, solicitar reparaciones o pedir a los vendedores que cubran los gastos de cierre, ya que los vendedores están ansiosos por llegar a un acuerdo.

Este concepto es un indicador clave para evaluar la salud de un mercado inmobiliario y ayuda a compradores y vendedores a establecer expectativas realistas. Saber si es un mercado de compradores o de vendedores puede ayudarte a elaborar estrategias para tu oferta, negociar mejor y comprender qué puedes esperar.

El costo de no comprar una vivienda

Podrías pensar: "¿Y si espero a que se enfríe el mercado?". Aunque es una pregunta válida, **no comprar una casa** también tiene un **costo, y** vale la pena entenderlo.

Costos financieros

- **Alquilar es 100% interés**: Cuando alquilas, pagas la hipoteca de tu casero en lugar de construir tu propio patrimonio.
- **Perderte la revalorización**: Esperar puede significar pagar más por la misma propiedad más adelante, cuando suba el valor de la vivienda.

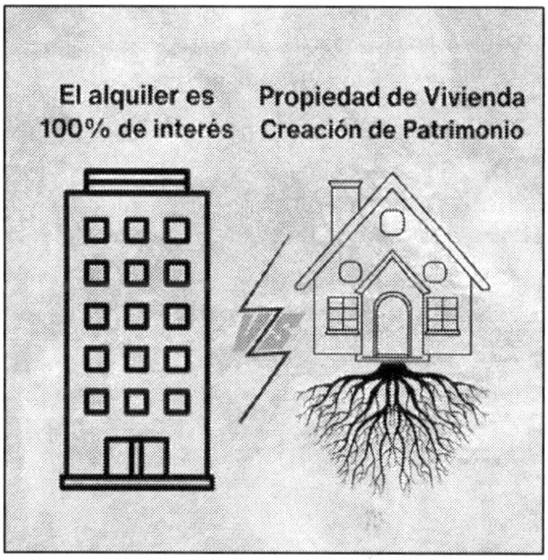

- **La inflación**: El costo de vida suele aumentar con el tiempo, al igual que el precio de las viviendas. Esto significa que una vivienda que ahora es asequible puede no serlo dentro de unos años.

Costos del estilo de vida

- **Falta de estabilidad**: Alquilar significa que podrías enfrentarte a incrementos de alquiler o verte obligado a mudarte si tu casero decide vender.
- **Libertad limitada**: No siempre puedes personalizar tu espacio vital o hacer cambios para adaptarlo a tus preferencias.

Esto no significa que debas apresurarte a comprar una casa. Sólo significa que esperar tiene un costo, y debes tenerlo en cuenta en tu proceso de toma de decisiones.

Consejos finales para navegar por el mercado

1. **Mantente informado**: Vigila las tendencias del mercado, las tasas de interés y los acontecimientos locales que puedan afectar a los precios de las propiedades.
2. **Prepárate para actuar**: ten tus finanzas en orden, obtén una pre-aprobación de una hipoteca y colabora estrechamente con tu agente para adelantarte a la competencia.
3. **Sé paciente pero prepárate**: Encontrar la casa adecuada lleva su tiempo, independientemente de si el mercado es de compradores o de vendedores. No dudes en esperar a encontrar la casa adecuada, pero evita sobreanalizar o esperar demasiado. Cuando se presente la oportunidad adecuada, prepárate para actuar con rapidez.

Puntos clave que debes recordar

Comprender el mercado inmobiliario puede ser como intentar predecir el clima. Es complejo, está influido por muchos factores y no siempre es fácil de predecir. Pero con un buen conocimiento de la oferta y la demanda, la revalorización, los tipos de mercado y el costo de la espera, estarás mejor equipado para tomar decisiones inteligentes.

Recuerda que el mercado siempre fluctuará, pero tu objetivo debe ser encontrar una casa que se ajuste a tus necesidades y a tu presupuesto. Si compras una casa que te encanta, en un lugar donde quieres vivir, a un precio que te puedes permitir, habrás ganado, independientemente de las condiciones del mercado.

Y cuando por fin cierres la compra de tu nueva casa, tendrás un asiento en primera fila para ver cómo (con suerte) se revaloriza con el tiempo. Tal vez incluso disfrutes de una cena con amigos u organices una fiesta para celebrarlo. ¿Por qué no? Te lo has ganado.

Descifrando tu mercado inmobiliario local: Guía para principiantes y por qué es importante conocer el mercado local

Cuando Gabriel y Sarah decidieron comprar su primera casa, asumieron que los mercados inmobiliarios eran uniformes en todo el país. Pronto se dieron cuenta de que no era así. Su amiga Lisa había comprado recientemente una casa en un pequeño pueblo del Medio Oeste, donde las propiedades eran asequibles y las guerras de ofertas eran poco frecuentes. En cambio, Gabriel y Sarah estaban buscando casa en una bulliciosa ciudad costera, donde las viviendas se vendían por encima del precio de venta en cuestión de días.

La importancia del conocimiento del mercado local

Comprendiendo que los mercados inmobiliarios varían mucho de una región a otra, Gabriel y Sarah se dieron cuenta de que necesitaban informarse sobre su mercado local. Descubrieron que factores como el crecimiento del empleo, las tendencias demográficas y los servicios locales influyen mucho en el valor de las propiedades y la dinámica del mercado.

Profundizando en los datos locales

Para conocer mejor el mercado de su zona, recurrieron a varios recursos:

Aquí tienes la versión revisada de su lista, con enlaces a los que puedes dirigirte si estás leyendo el libro digital y URL completas para quienes están leyendo el libro impreso:

Los mejores sitios de investigación del mercado inmobiliario

- **Zillow Research:** Esta plataforma ofrece datos sobre los valores de las propiedades, tendencias del mercado y previsiones específicas para diversas regiones.
    - Sitio web: https://www.zillow.com/research

- **Realtor.com:** Proporciona datos completos sobre vivienda y tendencias del mercado inmobiliario, incluidas actualizaciones semanales y mensuales.
    - Sitio web: https://www.realtor.com/research
- **Redfin Data Center:** Ofrece datos descargables sobre el mercado inmobiliario, incluida información sobre precios de las propiedades, ventas y niveles de inventario.
    - Sitio web: https://www.redfin.com/news/data-center
- **National Association of REALTORS® (NAR):** Publica estadísticas acerca de las propiedades y tendencias del mercado inmobiliario a nivel nacional, regional y del mercado metropolitano.
    - Sitio web: https://www.nar.realtor/research-and-statistics
- **Texas REALTORS® Market Research:** Un recurso especialmente útil para obtener datos de mercado específicos del estado, sobre todo para los compradores de Texas.
    - Sitio web: https://www.texasrealestate.com/market-research

Analizando los datos

Explorando estos recursos, Gabriel y Sarah se enteraron de que el mercado inmobiliario de su ciudad era muy competitivo, con un inventario limitado y precios al alza. Descubrieron que las casas del barrio que deseaban se vendían en pocos días, a menudo por encima del precio de venta. Esta información les ayudó a establecer expectativas realistas y a desarrollar un enfoque estratégico.

Elimina el ruido: Déjate guiar por un experto

¿Te sientes abrumado por toda la investigación del mercado, las tendencias y la navegación en un mercado de compradores o vendedores? Simplifica el proceso contratando a un agente inmobiliario experimentado que conozca el mercado a fondo y pueda hacer que tu proceso de compra de vivienda sea más fluido.

Perspectivas clave de los expertos Seth y Jocelyn Mills, agentes inmobiliarios

Qué hacen los grandes agentes al trabajar con compradores:

1. **Encuentran la casa adecuada:** Los grandes agentes inmobiliarios tienen acceso a grandes redes de personas y viviendas, lo que brinda oportunidades fuera de lista y antes de que entren al mercado. Pueden buscar de forma más amplia y completa todos los listados disponibles a través de organizaciones comerciales, agencias estatales y tecnologías de intermediación. Estos recursos profesionales, unidos a una amplia experiencia de búsqueda, permiten eliminar las distracciones y centrarse en las pocas viviendas que mejor se adapten a las necesidades personales de los compradores.
2. **Negocian las condiciones:** La compra de una vivienda puede ser una montaña rusa emocional, y los agentes ayudan a mantener los objetivos claros y la cabeza fría. También

proporcionan una visión crítica de las normas del mercado, ventajas tácticas y modelos estratégicos probados.

3. **Comprenden el proceso de compra de una vivienda:** Los contratos complicados, las amplias opciones de financiación y las normas transaccionales en constante cambio son tareas que el agente debe ayudar a gestionar. Los compradores obtienen acceso a los documentos necesarios y a proveedores de servicios verificados para maximizar el poder de compra y minimizar los contratiempos inesperados.

Lo que hacen los grandes compradores al trabajar con agentes:

1. **Entrevista y selecciona a tu agente inmobiliario. ¡Hazle preguntas!** Los grandes compradores acceden a recursos profesionales lo antes posible, ¡ya que la reparación de créditos y las nuevas construcciones pueden ser procesos de 12 meses! También buscan agentes que coincidan con su estilo de comunicación y sus expectativas de servicio.
2. **Comparte la visión general y los pequeños detalles:** Formular una visión y elaborar el plan de compra de una casa es un esfuerzo de colaboración entre el comprador y su agente. Deben ser abiertos y sinceros sobre los cambios de opinión y los obstáculos de todo tipo (tiempos, finanzas, deseos, etc.).
3. **Acepta el proceso y mantente informado:** Toda compra de vivienda sigue un plan, con contingencias diseñadas para cuando las cosas no salen tal como se esperaban. Los compradores exitosos son proactivos: investigan los barrios, proporcionan los documentos a las entidades crediticias sin demora y toman decisiones oportunas. Esperan recibir información actualizada con regularidad, normalmente cada semana, a menos que los cambios en la transacción requieran una comunicación más inmediata.

Seth y Jocelyn Mills
Texas Sold Em Realty Group

Errores comunes que debes evitar

1. **Suponer que todos los mercados son iguales**. Creer que las tendencias inmobiliarias son uniformes puede llevar a tomar decisiones equivocadas. Investiga siempre las condiciones del mercado de tu zona específica.
2. **Ignorar los indicadores económicos locales**: Factores como las tasas de empleo, el crecimiento de las empresas locales y la evolución de las infraestructuras pueden influir significativamente en el valor de las propiedades.
3. **Pasar por alto las tendencias estacionales**: La actividad inmobiliaria puede variar con las estaciones. Por ejemplo, en primavera suele haber más anuncios y mayor competencia. A muchas familias les gusta mudarse e instalarse antes de que empiece de nuevo año escolar.

Conclusiones clave del Capítulo 5

- **Haz tu tarea**: Utiliza recursos online para reunir datos sobre tu mercado inmobiliario local.
- **Consulta a expertos locales**: Ponte en contacto con agentes inmobiliarios locales que conozcan de primera mano la dinámica del mercado de la zona.
- **Mantente informado**: Los mercados inmobiliarios evolucionan constantemente. Actualiza regularmente tus conocimientos para tomar decisiones con conocimiento de causa.

Al sumergirse en los datos del mercado local y consultar a profesionales expertos, Gabriel y Sarah pudieron recorrer con confianza el camino de hacia la compra de una vivienda. Comprendieron la importancia de adaptar su enfoque a su mercado específico y, en última instancia, encontrar una vivienda que se ajustara a sus necesidades y presupuesto. Recuerda, el conocimiento no sólo es poder en el sector inmobiliario, sino también tranquilidad.

¡Comparte tu camino, inspira a otros!

Gracias por continuar tu viaje con *Hogar dulce hogar*. Si has encontrado valor en esta guía, compartir una breve reseña podría ayudar a otros a dar el salto hacia la propiedad de una vivienda. Tus ideas podrían inspirar a otra persona para hacer realidad sus sueños.

¡Marcar la diferencia es *fácil!*

Sólo tienes que escanear el código QR o hacer clic en el siguiente enlace y compartir tu reseña:

https://link.urmspublishing.com/hsh-opinion

Apreciamos profundamente tu esfuerzo por contribuir a la conversación y compartir buenas vibras, ¡gracias por marcar la diferencia!

Gracias de nuevo, Sally Street

Capítulo 6

Finanzas básicas: Domina el laberinto de las hipotecas

Comprender la financiación de una vivienda es crucial para recorrer el camino hacia la propiedad de una casa. No es la parte más glamorosa de la compra de una vivienda, pero es una de las más importantes. Vamos a desglosar lo esencial para que puedas abordar tu hipoteca con confianza y evitar sentirte perdido en el proceso.

¿Qué es una hipoteca?

A menos que pagues en efectivo, una hipoteca es un préstamo que te ayuda a comprar una casa. La entidad prestamista proporciona los fondos, que tú devuelves con intereses a lo largo de un plazo determinado, normalmente de 15 a 30 años. La opción más habitual es una hipoteca a tasa de interés fija a 30 años.

Componentes clave de una hipoteca:

- **PITI** Significa principal (o capital), intereses, impuestos y seguro.
    - **Capital:** La cantidad prestada.
    - **Interés:** El costo de pedir dinero prestado.
    - **Impuestos:** Se refiere a tus impuestos sobre la propiedad
    - **Seguros:** Seguro para tu vivienda
- **Plazo:** El tiempo que tienes para pagar el préstamo.
- **Cuotas de la HOA:** Asociación de Propietarios - Si procede, puede que no estén incluidas en el pago mensual de tu hipoteca y deben tenerse en cuenta en tu presupuesto.

Ejemplo de PITI (Capital, interés, impuestos y seguro) con pago inicial del 5%

Precio de la vivienda	Tasa de interés	Capital e intereses	Impuestos	Seguro	Pago total
$200,000	6%	$1,139.15	$208.33	$58.33	$1,405.81
$200,000	8%	$1,394.15	$208.33	$58.33	$1,660.82
$200,000	10%	$1,667.39	$208.33	$58.33	$1,934.05
$400,000	6%	$2,278.29	$416.67	$116.67	$2,811.63
$400,000	8%	$2,788.31	$416.67	$116.67	$3,321.64
$400,000	10%	$3,334.77	$416.67	$116.67	$3,868.11
$600,000	6%	$3,417.44	$625.00	$175.00	$4,217.44
$600,000	8%	$4,182.46	$625.00	$175.00	$4,982.46
$600,000	10%	$5,002.16	$625.00	$175.00	$5,802.16

Este ejemplo pone de relieve la importancia de hacer las preguntas adecuadas a la entidad prestamista. Muchos compradores primerizos se sienten confundidos por las calculadoras hipotecarias online que sólo muestran el capital y los intereses (PI), excluyendo los impuestos y el seguro, que son partes esenciales del costo mensual total. Comprender el PITI completo (capital, intereses, impuestos y seguro) es crucial para elaborar un presupuesto exacto. Los impuestos y los seguros pueden variar significativamente. En estados como Nueva Jersey, Illinois y Texas, los impuestos sobre la propiedad pueden ser el doble o más que en las zonas rurales. Por eso es vital obtener de tu prestamista una estimación precisa del pago adaptada a tu ubicación.

Desmitificación de la amortización: Por qué pagas más intereses al principio

Los pagos hipotecarios se estructuran mediante un proceso denominado amortización. Con una hipoteca con tasa de interés fija a 30 años, el tipo de préstamo más habitual, el prestamista divide el préstamo en pagos mensuales iguales de capital e intereses (PI) a lo largo del plazo del préstamo. Sin embargo, hay otros tipos de préstamos disponibles, como las hipotecas a tasa fija a 15 años o a tasa variable (ARM), y los programas pueden variar en función de tus necesidades y calificaciones. En los primeros años de una hipoteca a tasa fija, una mayor parte de cada pago se destina a intereses, mientras que sólo una pequeña cantidad reduce el saldo de capital. Esto ocurre porque los intereses se calculan sobre el saldo restante del préstamo, que es mayor al principio. Con el tiempo, a medida que disminuye el capital, la parte de intereses de cada pago se reduce, y se aplica más directamente al capital. Comprender este cambio gradual es crucial para reconocer el impacto a largo plazo de los pagos anticipados y los costos de los intereses. Recuerda que los impuestos sobre la propiedad y el seguro pueden variar y afectar a tu pago total, conocido como principal (capital), intereses, impuestos y seguro (PITI).

Descripción: Este gráfico ilustra el desglose de los pagos hipotecarios de una vivienda de $450.000 con un préstamo fijo a 30 años y una tasa de interés anual del 8%. Destaca qué parte de la cuota mensual se destina al principal (capital) frente a los intereses en momentos concretos durante el plazo del préstamo: Año 1 y cada 5 años a partir de entonces.

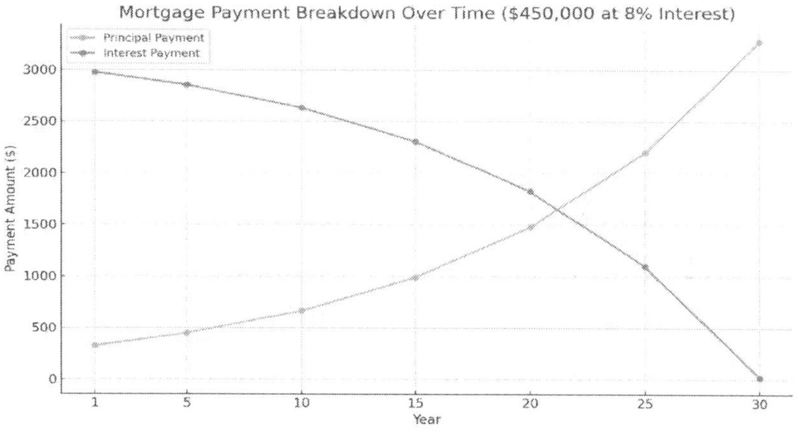

Año	Pago de Capital	Pago de Intereses	Saldo Restante
1	$ 302	$ 3,000	$ 449,698
5	$ 447	$ 2,855	$ 427,814
10	$ 666	$ 2,636	$ 394,761
15	$ 992	$ 2,310	$ 345,517
20	$ 1,478	$ 1,824	$ 272,151
25	$ 2,202	$ 1,100	$ 162,847
30	$ 3,280	$ 22	$ -

Descargo de responsabilidad: Se trata de un ejemplo simplificado aproximado basado en la amortización estándar. Los pagos reales pueden variar debido a impuestos, seguros o condiciones específicas del prestamista. Consulta a un asesor financiero o profesional hipotecario para obtener asesoramiento personalizado.

Dato curioso: La magia de los pagos extra: ¡Pagando $275 extra al mes (lo que equivale a un pago extra al año), menos de lo que cuesta uno o dos café lattes de los buenos al día, puedes deshacerte de **7 años** de pagos hipotecarios y ser propietario de tu casa en **23 años en lugar de 30**!

Cómo te califican los prestamistas

Los prestamistas evalúan tu situación financiera para determinar tu capacidad de endeudamiento. Los factores clave son:

- **Puntuación de crédito:** Las puntuaciones más altas conllevan mejores tasas y condiciones.
- **Ingresos:** Verifica tu capacidad para hacer frente a los pagos mensuales.
- **Relación deuda-ingresos (DTI):** El porcentaje de tus ingresos destinado al pago de deudas.

Ratios clave:

1. **Ratio de ingresos:** Por lo general, los gastos de vivienda no deben superar el 28-31% de tus ingresos brutos.
2. **Ratio de endeudamiento:** Los pagos totales de la deuda, incluida la hipoteca (PITI) y la HOA, no deben superar normalmente el 43-50% de los ingresos brutos.

Por ejemplo, si los ingresos de tu hogar son de $200.000 anuales, tu ratio frontal máximo limitaría tus gastos de vivienda a $5.000 al mes, mientras que los pagos totales de tu deuda, incluida la hipoteca, se limitarían a $8.333 al mes. Consulta a continuación tu nivel de ingresos brutos para determinar tus ratios frontales y finales máximos. *(Los ingresos brutos son tus ingresos totales antes de deducir impuestos o deducciones de tu nómina).*

Ingresos anuales	Pago hipotecario mensual de proporción inicial %	Relación de retorno DTI TOTAL Deuda a ingresos %
	30%	50%
$80,500	$2,013	$3,354
$100,000	$2,500	$4,167
$120,000	$3,000	$5,000
$140,000	$3,500	$5,833
$160,000	$4,000	$6,667
$180,000	$4,500	$7,500
$200,000	$5,000	$8,333
$220,000	$5,500	$9,167
$240,000	$6,000	$10,000
$260,000	$6,500	$10,833
$280,000	$7,000	$11,667
$300,000	$7,500	$12,500
$400,000	$10,000	$16,667
$500,000	$12,500	$20,833

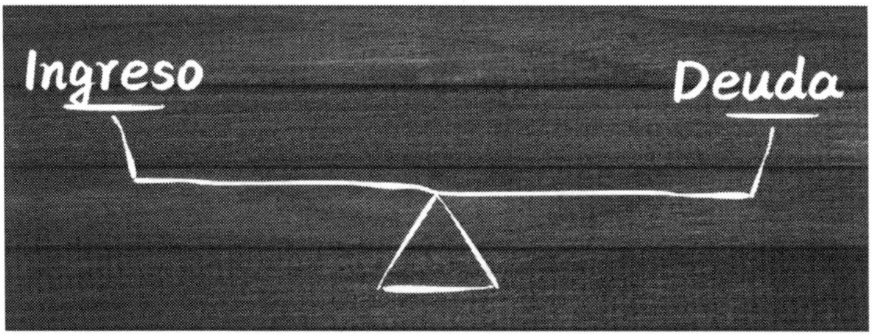

*Esto es solo a modo de ejemplo. Para obtener información más detallada sobre el préstamo o plan más adecuado para usted, consulte con su prestamista, ya que los programas y las condiciones varían.

Buydown: Reducir el tipo de interés

Un "buydown" significa una reducción inicial de la tasa de interés:

- **Reducción temporal:** Baja el tipo durante un período determinado, reduciendo los pagos iniciales.
- **Reducción permanente:** Reduce el tipo de interés durante toda la vida del préstamo.

Los buydowns pueden ser una buena estrategia si quieres pagos más bajos al principio o planeas refinanciar más adelante.

Precalificación: Conoce tu poder adquisitivo

Antes de buscar casa, obtén **PRIMERO la precalificación** de un prestamista hipotecario profesional. Esto te da una idea clara de tu presupuesto y te ayuda a centrarte en las viviendas que puedes permitirte. Es importante tener en cuenta que estar precalificado y preaprobado no es lo mismo: más adelante te daremos más detalles sobre la preaprobación.

Ventajas de la precalificación:

- **Establece un presupuesto realista:** Evita que te entusiasmes con casas fuera de tu rango de precios.
- **Refuerza tu oferta:** Los vendedores se toman más en serio a los compradores precalificados.
- **Crea confianza financiera:** Comprende tu rango de asequibilidad y tu zona de confort de pago mensual.

Pago inicial: ¿Cuánto necesitas?

El pago inicial es una parte importante de tus costos iniciales.

Elegir la hipoteca adecuada: Tipos de préstamos simplificados

- **Préstamos FHA:** La Administración Federal de Vivienda exige un mínimo del 3,5%. Ideal para compradores primerizos con puntuaciones de crédito más bajas o ahorros limitados.

    - Una puntuación crediticia de 580 o superior, o algunos prestamistas llegan hasta 500 y 579, pero esto puede requerir un pago inicial más alto, de al menos el 10%.
    - Los límites de los préstamos de la FHA, que son las cantidades máximas que la FHA asegurará, varían según la zona y los costos locales de la vivienda. Utiliza la herramienta online del HUD en https://entp.hud.gov/idapp/html/hicostlook.cfm para buscar límites por estado y condado para viviendas unifamiliares y plurifamiliares.
- **Préstamos convencionales:** Normalmente requieren un 5-20%, aunque algunos programas permiten tan sólo un 3% para compradores calificados. Es mejor para compradores con un crédito sólido y pagos iniciales más elevados.
    - La puntuación crediticia mínima típica para un préstamo convencional es de 620.
- **Préstamos Jumbo:** Un préstamo jumbo supera el límite de préstamo convencional para la zona, normalmente préstamos superiores a $800.000.
    - La puntuación crediticia mínima típica para un préstamo convencional es de 620. Una puntuación crediticia más alta suele conllevar mejores tasas de interés y condiciones.
- **Préstamos VA:** A menudo no requieren pago inicial para veteranos calificados.
    - La VA no establece una puntuación crediticia mínima, pero la mayoría de los prestamistas exigen entre 580 y 620.
- **Préstamos USDA:** Financiación del 100% para viviendas en zonas rurales o suburbanas elegibles.
    - El USDA no exige una puntuación de crédito, pero los prestamistas suelen preferir **640 o más** para facilitar la aprobación.

Existen muchos otros programas de préstamos, pero éstos representan aproximadamente el 90% de los préstamos hipotecarios. Aunque las pautas generales proporcionan una base de referencia, cada prestamista establece sus propios requisitos, que van desde los más flexibles a los más estrictos. Para encontrar la mejor opción, es aconsejable consultar a varios prestamistas y comparar sus criterios. El proceso hipotecario puede parecer abrumador, pero el prestamista que elijas cuidadosamente estará ahí para guiarte en cada paso del camino.

¿Puedo aportar más de entrada? Sí, pero plantéate si esos fondos podrían emplearse mejor en otra cosa, como pagar deudas con intereses elevados o crear un fondo de emergencia. Ten en cuenta que un pago inicial mayor puede reducir los pagos mensuales, no sólo al aportar más de entrada, sino también al eliminar el seguro hipotecario privado (PMI).

Fuentes de fondos para el pago inicial:

- Ahorro personal
- Regalos de la familia
- Préstamos o retiros del 401(k)
- Programas de ayuda al pago inicial
- Programas para empresarios (poco frecuentes, pero vale la pena chequearlos)
- Devolución de impuestos
- Patrimonio de otros bienes
- Venta de algunos objetos de valor o inversiones
- Póliza de seguro de vida con valor en efectivo
- Bitcoin o criptomonedas
- Programas de préstamos especiales: Algunos tipos de préstamo, como los préstamos VA o USDA, no requieren un pago inicial, liberando tus ahorros para otros gastos.

Reservas: Tu red de seguridad Los prestamistas pueden exigirte que tengas **reservas**, que son ahorros adicionales que cubren algunos meses de pagos hipotecarios. Esto proporciona un colchón financiero y mejora tus probabilidades de aprobación.

Por qué son importantes las reservas:

- **Estabilidad:** Ayuda a cubrir gastos imprevistos.
- **Posibilidades de aprobación:** Demuestra seguridad financiera a los prestamistas.

Comprende tu hipoteca: Componentes y términos clave

Préstamos ARM frente a préstamos a tasa fija:

- **Hipoteca a tasa fija**: La tasa de interés permanece invariable durante todo el plazo del préstamo.
- **Hipoteca de tasa variable (ARM)**: La tasa cambia después de un período inicial, lo que podría significar pagos iniciales más bajos pero aumentos potenciales más adelante.

Puntos hipotecarios: Cómo funcionan

¿Qué son los puntos hipotecarios? Los puntos hipotecarios, o puntos de descuento, son comisiones iniciales opcionales que se pagan en el momento del cierre para reducir la tasa de interés de tu préstamo. Cada punto cuesta el 1% del importe del préstamo y suele reducir la tasa en un 0,25%.

Ejemplo:

- Préstamo: $200.000 al 6% de interés.
- Comprar 2 puntos cuesta $4.000 (el 2% de $200.000) y reduce la tasa al 5,5%.
- Ahorro mensual: $63 ($1.199 al 6% frente a $1.136 al 5,5%).
- Punto de equilibrio: 64 meses (algo más de 5 años).

Consideraciones clave:

- Es lo mejor para los compradores que piensan quedarse en la casa a largo plazo.
- Vender o refinanciar antes de tiempo puede hacer que no recuperes el costo.
- Pregunta siempre a tu prestamista si los puntos se ajustan a tus objetivos financieros.

Los puntos pueden reducir los costos a largo plazo si se utilizan estratégicamente.

Seguro hipotecario: PMI vs. MIP
Si tu pago inicial es inferior al 20%, es probable que necesites un seguro hipotecario:

- **PMI (Seguro Hipotecario Privado):** Obligatorio para los préstamos convencionales. A menudo puede cancelarse una vez que alcanzas el 20% de capital propio.
- **MIP (Prima de seguro hipotecario):** Obligatorio para los préstamos FHA. Incluye una prima inicial y pagos mensuales. Puede durar toda la vida del préstamo.

Relación préstamo-valor (LTV, por sus siglas en inglés): Por qué es importante

La LTV compara el importe de tu préstamo con el valor de la propiedad e influye en la aprobación del préstamo, los tipos de interés y la necesidad de seguro hipotecario. Una LTV más baja significa más capital y menos riesgo para el prestamista.

Ejemplo: Si vas a comprar una casa de $200.000 y te prestan $180.000, tu LTV es del 90%. Los prestamistas pueden exigir un PMI para LTV superiores al 80%.

Cuentas de depósito en garantía (Escrow Accounts): Gestión de impuestos y seguros

Una cuenta de depósito en garantía, gestionada por tu prestamista, retiene los fondos para los impuestos sobre la propiedad y el seguro del propietario, garantizando que estas facturas se paguen a tiempo. Esto evita grandes pagos globales y simplifica la elaboración del presupuesto. Muchos prestamistas exigen cuentas de depósito en garantía a los prestatarios con anticipos inferiores al 20%.

Programas de asistencia para el pago inicial

Muchos programas ayudan con el pago inicial, especialmente a los compradores primerizos, pero la disponibilidad varía según la zona y no siempre está disponible. Consulta a las compañías hipotecarias locales y a tu agente inmobiliario para explorar tus opciones.

Tipos de asistencia:

- **Programas estatales o locales:** Subvenciones, préstamos o créditos fiscales.
- **Asistencia de Vivienda por Parte de Empleadores:** Algunos empleadores ofrecen ayudas para la compra de vivienda.
- **Organizaciones sin fines de lucro:** Proporcionan subvenciones o préstamos sin intereses.

¿Cuándo comenzarán los pagos de mi casa?

El primer pago de tu hipoteca suele vencer un mes después del último día del mes de cierre. Por ejemplo, si cierras en abril, tu primer pago vencerá el 1 de junio.

Estrategia de tasas de interés: "Cásate con la casa, ten una cita con la tasa"

Esta frase popular recuerda a los compradores que deben centrarse en encontrar la vivienda adecuada ahora, aunque las tasas de interés no sean perfectas.

- **Cásate con la casa**: Comprométete con la casa adecuada a tus necesidades y presupuesto.
- **Ponle fecha a la tasa**: Si las tasas bajan en el futuro, puedes refinanciar para pagar menos.

Por qué funciona esta estrategia

- **El valor de la vivienda tiende a subir**: Esperar a tasas más bajas podría significar pagar más por la misma vivienda.
- **Opciones de refinanciación**: Si las tasas bajan, puedes "romper" con la tasa antigua.

¿FHA o Convencional? Encontrar el préstamo que se ajuste a tus necesidades

Comprender las diferencias entre los préstamos FHA y los convencionales es esencial a la hora de elegir un préstamo hipotecario. Examinemos cómo Emily y Jake, dos compradores de vivienda por primera vez, evaluaron sus opciones.

La experiencia de Emily con el préstamo FHA

Emily, recién licenciada, tenía una puntuación crediticia de 600 y unos ahorros limitados. Quería comprar una casa modesta, pero no estaba segura de reunir los requisitos para un préstamo. Tras consultar a un asesor hipotecario, se enteró de la existencia de los préstamos FHA, asegurados por la Administración Federal de la Vivienda, que son ideales para prestatarios con puntuaciones de crédito más bajas y pagos iniciales más pequeños.

- **Puntuación crediticia:** La puntuación de 600 de Emily la calificó para un préstamo de la FHA, que exige una puntuación mínima de 580 para un pago inicial del 3,5%.
- **Pago inicial:** Puso $7.000 de entrada en una casa de $200.000.
- **Seguro hipotecario:** Los préstamos de la FHA requieren una prima de seguro hipotecario por adelantado (UFMIP) y una prima de seguro hipotecario anual (MIP), que se incluyeron en los costos de cierre y en los pagos mensuales de Emily.
- **Límites del préstamo:** Emily se aseguró de que el precio de su casa estaba dentro del límite de préstamo de la FHA para su zona.

El recorrido hacia el préstamo convencional de Jake

Jake, un joven profesional, tenía una puntuación de crédito de 720 y unos ahorros considerables. Quería comprar una casa en las afueras y eligió un préstamo convencional.

- **Puntuación crediticia:** La puntuación de 720 de Jake le permitió acceder a condiciones competitivas, ya que los préstamos convencionales suelen exigir una puntuación mínima de 620.
- **Pago inicial:** Optó por un 20%, es decir, $80.000, en una vivienda de $400.000, eliminando la necesidad del seguro hipotecario privado (PMI).
- **Límites de los préstamos:** Los préstamos convencionales suelen tener límites más altos, lo que le brindó a Jake más opciones en zonas más costosas.

Perspectivas esenciales:

- **Flexibilidad crediticia:** Los préstamos de la FHA son mejores para las puntuaciones crediticias más bajas, mientras que los préstamos convencionales recompensan las puntuaciones más altas con mejores condiciones.
- **Pago inicial:** Los préstamos de la FHA requieren tan sólo un 3,5%, mientras que los préstamos convencionales pueden exigir más, pero te permiten evitar el PMI con un 20%.
- **Seguro hipotecario:** Los préstamos de la FHA siempre incluyen un seguro hipotecario, mientras que los préstamos convencionales pueden renunciar a él con un capital suficiente.

Las historias de Emily y Jake muestran cómo influyen las finanzas personales en la elección de un préstamo. Trabajar con un profesional hipotecario puede ayudarte a evaluar tus opciones y elegir el mejor préstamo para tus necesidades.

El secreto para encontrar el prestamista adecuado

El prestamista adecuado puede marcar una gran diferencia en tu experiencia de compra de vivienda.

Consejos para encontrar el prestamista adecuado:

- **Compara varios prestamistas:** Busca la mejor combinación de tasas, condiciones, comisiones y un prestamista con el que te sientas cómodo trabajando. Una tasa más baja significa poco si el prestamista no puede cerrar a tiempo. Una tasa ligeramente superior con un excelente servicio de atención al cliente puede ahorrarte estrés y costosos errores.
- **Lee las reseñas:** Chequea las opiniones de otros compradores.
- **Haz preguntas:** Comprende su proceso, estilo de comunicación y tarifas. CONSEJO: Pide una lista de tarifas por escrito.
- **Busca referencias:** Las recomendaciones confiables de amigos, familiares o de tu agente inmobiliario (que suele ser tu MEJOR fuente de referencias) suelen llevarte a prestamistas conocidos por su excelente servicio y sus transacciones fluidas.
- **Constructores de viviendas:** Los constructores suelen tener prestamistas internos con incentivos. Aunque puedes elegir cualquier prestamista, compara las condiciones de préstamo del constructor con las de otros para asegurarte de que cumplan con tus necesidades. Ten en cuenta que los incentivos del constructor pueden ser bastante convincentes y pueden hacer que su prestamista sea la mejor opción para tu situación.
- **No te rindas:** Encontrar al prestamista adecuado puede requerir hablar con 3-10 prestamistas o más. Cada prestamista ofrece programas diferentes, así que no tomes el "no" como una respuesta absoluta. Sigue buscando el prestamista y el

programa de préstamo que se ajuste a tus necesidades específicas, ¡vale la pena el esfuerzo!

Ideas clave de los expertos

Alfonso Guzman,
Agente de Préstamos Hipotecarios

1. ¿Qué tipos de préstamos hipotecarios ofrecen y cuál sería el mejor para mi situación?
2. ¿Cuánto puedo pedir prestado potencialmente según mis ingresos y mi relación deuda-ingresos?
3. ¿Cuáles son los requisitos de pago inicial para los distintos programas de préstamo?
4. ¿Qué puntuación de crédito necesito para optar a varias opciones de préstamo?
5. ¿Ofrecen la preaprobación, y qué implica ese proceso?
6. ¿Qué comisiones y pagos mensuales puedo esperar con las diferentes opciones de préstamo?
7. ¿Existe algún programa de asistencia para el pago inicial para el que podría calificar?
8. ¿Cómo me mantendrán informado durante todo el proceso del préstamo?
9. ¿Qué documentación tendré que aportar para la solicitud del préstamo?
10. ¿Cuánto suele durar el proceso de aprobación del préstamo?

Al realizar estas preguntas, puedes obtener información valiosa sobre la experiencia del agente de préstamos, su estilo de comunicación y su capacidad para satisfacer tus necesidades específicas como comprador de vivienda.

Lo más importante que debes hacer durante el proceso de aprobación del préstamo es ASEGÚRATE SIEMPRE DE HABLAR DE CUALQUIER GASTO FINANCIERO CON TU OFICIAL DE PRÉSTAMOS, ESPECIALMENTE CUANDO SE TRATE DE MOVER DINERO O DE SOLICITAR UNA NUEVA DEUDA. Nunca hagas ningún movimiento de ese tipo a menos que tengas luz verde de tu agente de préstamos de confianza.

Alfonso Guzman Oficial de Préstamos Sr, NMLS 1191940
Ignite Loan Partners | Agente Hipotecario

Lista de los documentos que exigirán la mayoría de los prestamistas

Para que el proceso sea más fluido, reúne estos documentos con antelación:

- ☐ Recibos de sueldo recientes
- ☐ W-2s o 1099s de los últimos 2 años
- ☐ Extractos bancarios personales (últimos 2-3 meses)
- ☐ Declaraciones de la renta personal (2 últimos años)
- ☐ Prueba de ingresos adicionales
- ☐ DNI y número de la Seguridad Social
- ☐ Prueba del pago inicial
    - ☐ Documentación que demuestre el origen de tu pago inicial (por ejemplo, extractos bancarios, cartas de regalo, si procede)
    - ☐ Documentación sobre la venta de bienes (si los fondos proceden de bienes o artículos vendidos)
- Otros documentos, si procede:
    - ☐ Sentencias de divorcio o acuerdos de separación
    - ☐ Documentos de descarga de bancarrota
    - ☐ Explicación de cualquier elemento crediticio derogatorio
    - ☐ Historial de alquiler o información de contacto del casero (para compradores primerizos)
    - ☐ Documentación de cualquier otra obligación financiera, como la manutención de los hijos o pensión alimenticia
- ¿Eres autónomo? Necesitarás todo lo anterior más probablemente los elementos de la siguiente lista:
    - ☐ Mínimo 2 años de declaraciones fiscales de tu empresa

- ☐ Estado de pérdidas y ganancias (P&L) de tu empresa en lo que va de año
- ☐ Balance
- ☐ Licencia comercial
- ☐ Extractos bancarios de la empresa

Ésta es una lista de comprobación general para que empieces a reunir toda tu información y la pongas en una carpeta para acceder fácilmente a ella. Cada prestamista puede tener requisitos ligeramente distintos, por lo que siempre es mejor confirmar previamente sus necesidades específicas.

¿Por qué mi prestamista sigue pidiéndome más?

Es normal sentirse frustrado cuando los prestamistas solicitan más documentos, pero forma parte del proceso. Tu solicitud pasa por tasadores, procesadores y control de calidad, cada uno con requisitos específicos. Proporciona rápidamente los documentos solicitados para evitar retrasos. Pueden surgir nuevas solicitudes, lo cual es normal. Mantén la calma, organízate y concéntrate; ¡cada paso te acerca más a la casa de tus sueños!

Comprar una vivienda sin un número de Seguridad Social (SSN)

Si tienes un número de Seguro Social, puedes saltarte esta parte.

Sí, puedes comprar una casa en los Estados Unidos sin un SSN, a menudo utilizando un Número de Identificación Personal del Contribuyente (ITIN). Esto a veces es necesario por diversas razones, a menudo vinculadas a su situación de inmigración o residencia. El proceso es diferente y conlleva requisitos específicos:

1. **Préstamos ITIN:** Diseñados para quienes no tienen un SSN pero pagan impuestos en EE.UU.
2. Documentación: Se requiere prueba de identidad, ingresos, ITIN, declaraciones de la renta y extractos bancarios.

3. **Pago inicial:** Normalmente, 15-25%, dependiendo del prestamista.
4. **Historial crediticio:** Pueden aceptarse formas de crédito alternativas, como el pago de servicios públicos o del alquiler.
5. **Disponibilidad de préstamos:** No todos los prestamistas ofrecen préstamos ITIN; busca prestamistas especializados o bancos comunitarios.
6. **Residencia legal:** El visado o la residencia legal no son obligatorios, pero pueden afectar a las opciones de préstamo.
7. **Compras en efectivo:** No se necesita ITIN ni SSN si se paga en efectivo, pero deben documentarse las fuentes de fondos.
8. **Limitaciones:** Los préstamos con ITIN tienen tasas más altas y requisitos más estrictos. Los programas federales como los préstamos FHA, VA o USDA requieren un SSN.

Trabaja con un agente experimentado y un prestamista familiarizado con los préstamos ITIN para transitar por el proceso

Dato curioso: En promedio, los propietarios de una vivienda ahorran miles de dólares a largo plazo en comparación con los inquilinos, gracias a las ventajas fiscales y al crecimiento del patrimonio neto.

Conclusiones clave del Capítulo 6

- **Conoce tu hipoteca:** Comprende todos los componentes (PITI) para elaborar un presupuesto preciso.
- **Requisitos para el préstamo:** Los ratios de crédito, ingresos y deudas determinan la aprobación.
- **Tipos de préstamo:** Los préstamos FHA, VA, USDA y convencionales cubren la mayoría de las necesidades.
- **Pago inicial:** Ahorra de diversas fuentes; las cantidades mayores reducen costos.

- **Precalificación:** Aclara el presupuesto y refuerza las ofertas.
- **Encuentra al prestamista adecuado:** Compara opciones; la persistencia vale la pena.
- **Consejo:** Céntrate en encontrar la vivienda adecuada y refinancia las tasas más tarde.

Resumen: Transitar por el proceso hipotecario puede parecer desalentador, pero con preparación, un presupuesto claro y un equipo de confianza, podrás tomar las decisiones informadas que te ayudarán a cumplir tu sueño de ser propietario de una vivienda. No se trata sólo de encontrar la casa ideal, sino de tomar decisiones financieras inteligentes que garanticen la estabilidad a largo plazo. Con el enfoque adecuado, encontrarás una casa que te encante y te prepararás para un éxito duradero. ¡Y eso es algo que vale la pena celebrar!

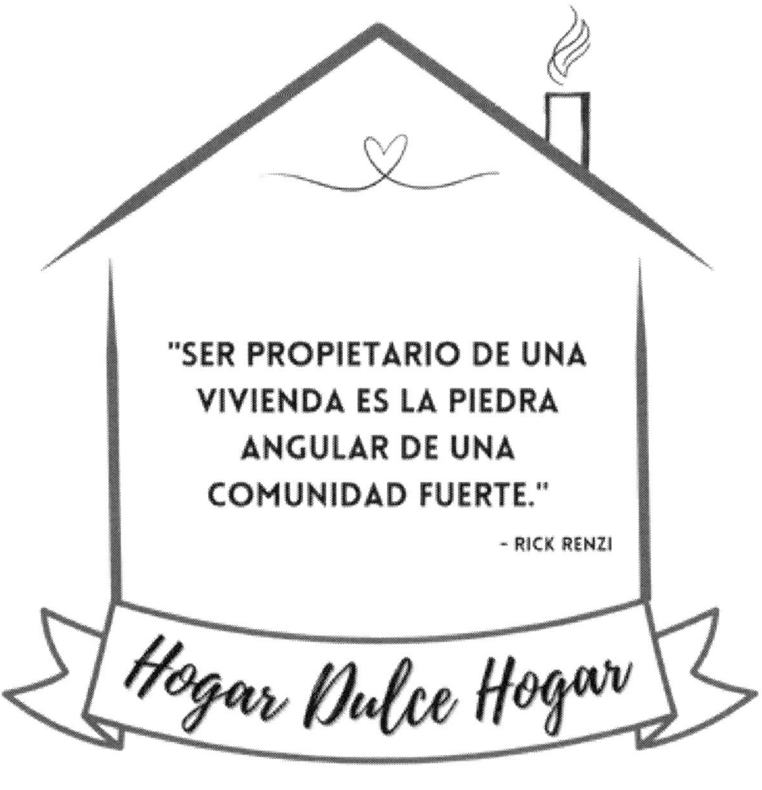

Capítulo 7

Los 10 principales obstáculos hipotecarios y ¡Cómo superarlos!

Solicitar una hipoteca puede parecer una carrera de obstáculos, en la que cada uno de ellos requiere un poco más de esfuerzo que el anterior. Sin embargo, saber qué esperar te ayudará a transitar por el proceso con confianza. Este capítulo destaca los desafíos más comunes a los que se enfrentan los compradores y ofrece soluciones prácticas para superarlos. ¡Sumerjámonos de lleno y hagamos que este viaje sea lo más fluido posible!

1. Puntuación crediticia baja

Una puntuación crediticia baja es uno de los obstáculos más comunes para que te aprueben una hipoteca. Los prestamistas la consideran una señal de riesgo, que puede dar lugar a tasas de interés más altas o al rechazo total. En un capítulo posterior profundizaremos en el crédito y la puntuación crediticia.

Cómo superarlo:

- **Revisa tu informe de crédito.** Verifica si hay errores y disputa cualquier inexactitud.
- **Paga las deudas existentes** para mejorar tu relación deuda-ingresos.
- **Establece buenos hábitos crediticios**, como pagar las facturas a tiempo y mantener bajos los saldos de las tarjetas de crédito.

- **Considera la posibilidad de un préstamo FHA**, que es más indulgente y tiene unos requisitos de puntuación crediticia más bajos.
- **Aumenta tu puntuación de crédito con el estatus de usuario autorizado:** Si tienes un ser querido con un crédito excelente, pídele que te añada como usuario autorizado en una de sus tarjetas de crédito. Esto te permitirá beneficiarte de su historial positivo de pagos y de su baja utilización del crédito, lo que puede mejorar significativamente tu puntuación crediticia con el tiempo. Esta estrategia puede ayudarte a conseguir mejores condiciones de préstamo y tasas hipotecarias más bajas si la cuenta está bien gestionada.
- **Re-puntuación rápida (Rapid Re-score): Repáralo rápido, mejora más rápido:** A menudo utilizado por tu prestamista o agente hipotecario para actualizar rápidamente tu puntuación crediticia. Ejemplo: Si has pagado un saldo o resuelto un error de crédito, una re-puntuación rápida acelera las actualizaciones de tu informe y puntuación de crédito. Ideal para solicitantes de hipotecas u otras personas con plazos ajustados, proporciona una forma rápida de reflejar las mejoras en tu perfil financiero.

2. Relación deuda-ingresos (DTI) elevada

Los prestamistas quieren asegurarse de que puedas manejar tus pagos de deuda cómodamente. Un DTI alto indica que ya estás cargando con una cantidad significativa de deuda, lo que te convierte en un **prestatario de mayor riesgo**.

Cómo superarlo:

Cuando pienses en comprar una casa, prestar atención a tu relación deuda-ingresos (DTI) es clave. Empieza por hacer una lista de todas tus deudas, pagos mensuales y tasas de interés para determinar dónde tus esfuerzos pueden marcar la mayor diferencia. Pero no te detengas ahí: obtener la precalificación es una medida más inteligente. Opta por una solicitud de crédito blanda para proteger tu puntuación, y déjate guiar por un profesional. Ellos pueden ayudarte a establecer objetivos SMART -específicos, medibles, alcanzables, relevantes y sujetos a un plazo- que hagan que tus mejoras financieras estén enfocadas y sean alcanzables, allanando el camino hacia la propiedad de una vivienda.

- **Ejemplo 1:** David tenía una cuota mensual de su automóvil de $600 de la que sólo le quedaban 3 meses. Decidió pagar primero su vehículo, liberando ese dinero para hacer frente a otras deudas.
- **Ejemplo 2:** Victoria tenía una cuota mensual de su automóvil de $250 a la que le quedaban 4 años y tres tarjetas de crédito. Tras revisar sus deudas, se dio cuenta de que una tarjeta de crédito tenía un tipo de interés del 18% y un saldo de $2.000. Centrándose en esta deuda de alto interés, dio prioridad a pagarla antes de dedicar el dinero extra a pagar sus otras tarjetas. Para acelerar el progreso, transfirió los saldos de dos tarjetas a una oferta de 0% de interés, lo que le permitió pagar todo en 6 meses. Ahora, Victoria paga sus tarjetas mensualmente y mantiene su consumo por debajo del 10% del límite de crédito, lo que ha mejorado significativamente su puntuación crediticia.
- **Ejemplo 3:** Lisa tenía varias tarjetas de crédito con intereses elevados, con un saldo total de $10.000 y una tasa promedio de interés del 22%. Luchando por avanzar en sus pagos, visitó su cooperativa de crédito local para explorar opciones. La cooperativa le ofreció un préstamo de consolidación con una tasa de interés fija del 9%, bastante más baja que el de sus tarjetas de crédito. Al consolidar su deuda, Lisa redujo su pago mensual y simplificó sus finanzas, liberando dinero extra para ahorrar para el pago inicial de su casa. Con el tiempo, la mejora de su historial de pagos y la reducción de la utilización del crédito también ayudaron a mejorar su puntuación crediticia, convirtiéndola en una prestataria más atractiva para una hipoteca.

¿Qué deudas afrontar primero? Ponte en contacto con una empresa hipotecaria al principio del proceso y pide orientación experta adaptada a tu situación.

Aumenta tus ingresos consiguiendo un aumento de sueldo, un trabajo mejor remunerado en el mismo campo profesional o tomando trabajos extras. Hay un montón de trabajos paralelos disponibles. ¿Estás calificado? Estos fondos extra te ayudarán a pagar las deudas más rápidamente y a mejorar tu ratio.

- **Considera la posibilidad de un co-prestatario**, como un padre, abuelo, cónyuge o pareja, para reforzar tu solicitud.

3. Falta de fondos para el pago inicial

Ahorrar para el pago inicial puede ser un desafío importante, especialmente con el aumento del precio de la vivienda y del costo de la vida.

Cómo superarlo:

- **Programas de asistencia para el pago inicial:** Verifica si existen programas gubernamentales estatales o locales que te ayuden con el pago inicial.
- **Opciones de préstamos con bajo pago inicial:** Considera los préstamos FHA, VA o algunos préstamos convencionales que requieren un pago inicial menor.
- **Ahorro agresivo:** Recorta los gastos no esenciales y establece un objetivo de ahorro claro para constituir tu fondo de anticipo.
- **Fondos donados:** Los fondos donados por uno de tus padres o un ser querido pueden utilizarse para el pago inicial. El prestamista suele exigir una carta de donación del donante para verificar que no se trata de un préstamo.
- **401(k):** Pedir un préstamo de tu 401(k) es otra opción habitual para acceder a fondos para el pago inicial. Asegúrate de entender las condiciones y las posibles penalizaciones antes de proceder.
- **Alquilar vs. Comprar: invierte el calendario de pagos y consigue un "ahorro secreto".** ¿Sabías que cuando alquilas, pagas por el mes que tienes por delante, pero cuando eres propietario, el pago de la hipoteca es por el mes que acaba de pasar? Este cambio temporal crea un "ahorro secreto" durante tu primer mes como propietario. Ese colchón extra

puede cambiar las reglas del juego, ayudándote a cubrir los gastos de la mudanza, comprar muebles o incluso celebrar tu gran mudanza con una fiesta de inauguración. Es como una ventaja oculta de convertirse en propietario.

4. Cuestiones laborales

Los prestamistas prefieren unos ingresos estables y confiables, y suelen exigir al menos dos años en el mismo campo o en uno relacionado. Los cambios frecuentes de trabajo o las lagunas laborales pueden ser señales de alarma, aunque los estudios universitarios o una licenciatura en el mismo campo pueden contar para este período de tiempo.

Cómo superarlo:

- **Proporciona una explicación clara** de cualquier cambio o vacío laboral, haciendo hincapié en cómo ha fortalecido tu posición.
- **Muestra un historial de empleo continuo** en el mismo campo, aunque hayas cambiado de trabajo.
- **Considera la posibilidad de esperar** hasta que lleves en tu trabajo actual al menos entre 6 meses y 1 año antes de presentar la solicitud.

Comenta siempre tu situación con el prestamista para ver cómo interpreta el historial laboral en el contexto de tu educación. Este enfoque varía en función del tipo de préstamo y de las políticas del prestamista.

5. No obtener la precalificación

Algunos compradores se lanzan a la búsqueda de casa sin saber lo que pueden permitirse, lo que les lleva a la decepción o a la tensión financiera.

Cómo superarlo:

- **Obtén una precalificación** antes de empezar a mirar casas. Esto te ayudará a conocer tu presupuesto y reforzará tu posición en la negociación.
- **Revisa detenidamente la precalificación**, teniendo en cuenta tu nivel de comodidad con los pagos estimados.

6. Fluctuaciones de las tasas de interés

Las tasas de interés pueden cambiar rápidamente, afectando a la asequibilidad de tu préstamo y los pagos mensuales.

Cómo superarlo:

- **Fija tu tasa de interés** una vez que encuentres una vivienda para protegerte de subidas repentinas. Pregunta al prestamista si ofrece un "float down" (reducción de la tasa) si las tasas bajan.
- **Mantente** informado sobre las tendencias del mercado y los cambios en las tasas.
- **Mantén una mentalidad flexible** sobre el precio de compra o el tipo de préstamo para adaptarte a la evolución de las tasas.

7. Documentación inadecuada

Solicitar una hipoteca requiere mucho papeleo y los documentos faltantes o incompletos pueden retrasar o hacer descarrilar el proceso.

Cómo superarlo:

- **Crea una lista de verificación de documentos** con todo lo que necesita tu prestamista (por ejemplo, recibos de sueldo, declaraciones de la renta, extractos bancarios).
- **Mantente organizado** guardando copias digitales de tus documentos necesarios.
- **Responde rápidamente** a cualquier solicitud de información adicional de tu prestamista.

8. Problemas con la tasación

A veces, la tasación puede ser inferior al precio de compra acordado, lo que complica la financiación.

Cómo superarlo:

- **Impugna la tasación** si crees que es inexacta aportando datos comparativos o información de apoyo.
- **Negocia con el vendedor** una reducción del precio para igualar el valor de tasación. El vendedor puede o no estar de acuerdo; sin embargo, vale la pena preguntar.
- **Aporta más efectivo a la mesa** para compensar la diferencia, si puedes permitírtelo.

9. Desconocimiento de los tipos de préstamo

Hay muchos tipos de préstamos disponibles, cada uno con sus requisitos y ventajas. No saber qué préstamo es el mejor puede hacer que el proceso resulte abrumador.

Cómo superarlo:

- **Investiga las opciones de préstamo:** FHA, VA, convencional, ARM (Hipoteca de Tasa Ajustable) frente a tasa fija y coméntalas con tu prestamista.
- **Haz preguntas** para asegurarte de que entiendes los pros y los contras de cada tipo de préstamo.
- **Elige el préstamo que mejor se adapte a tus objetivos financieros a largo plazo**.

10. Miedo al rechazo

El proceso hipotecario puede ser intimidatorio, y el miedo al rechazo impide a algunos compradores siquiera solicitarlo.

Cómo superarlo:

- **Infórmate** sobre el proceso hipotecario para saber qué esperar.
- **Trabaja en estrecha colaboración con un prestamista de confianza** que pueda guiarte a lo largo del proceso y proporcionarte información sincera.
- **Mantente positivo**: Aunque no te aprueben inicialmente, siempre puedes tomar medidas para mejorar tu situación e intentarlo de nuevo. También puedes simplemente probar con otro prestamista. A veces, es necesario hablar con tres, cinco o incluso diez prestamistas para encontrar el que mejor se adapte a tu situación.

Dato curioso: La pila de papeles que firmes el día del cierre podría pesar fácilmente medio kilo, no te preocupes, ¡tu mano se recuperará!

Conclusiones clave del Capítulo 7

- **Controla tu crédito:** Mejora tu puntuación crediticia pagando las facturas a tiempo, reduciendo las deudas y corrigiendo los errores de tu informe crediticio.
- **Reduce tu relación deuda-ingresos:** Reduce la deuda y explora formas de aumentar tus ingresos o añadir un co-prestatario.
- **Precalifícate pronto:** Conoce tu presupuesto antes de buscar casa para evitar sorpresas y fortalecer las negociaciones.
- **Mantente organizado:** Prepara toda la documentación necesaria para agilizar el proceso hipotecario.
- **Sé perseverante:** El miedo al rechazo es normal: trabaja con los prestamistas y toma medidas proactivas para mejorar tu situación financiera.

Resumen: Solicitar una hipoteca puede parecer como navegar por un laberinto de desafíos, desde bajas puntuaciones de crédito y elevados ratios deuda-ingresos hasta problemas de tasación y fluctuaciones de los tipos de interés. Este capítulo te proporciona estrategias prácticas para superar estos obstáculos, como mejorar tu crédito, ahorrar para el pago inicial y mantenerte organizado con la documentación.

Destaca la importancia de obtener la precalificación pronto, comprender los distintos tipos de préstamo y mantener una mentalidad positiva durante todo el proceso. Ya sea aprovechando los programas de ayuda al pago inicial o asegurándote una tasa de interés favorable, ser proactivo y estar informado te ayudará a conseguir la casa de tus sueños. El camino puede ser complejo, pero con preparación, persistencia y orientación profesional, puedes superar estos obstáculos y avanzar con confianza hacia la propiedad de una vivienda. A continuación hablaremos de las puntuaciones de crédito y de ideas para aumentarlas y conseguir tasas óptimas.

"CREE QUE PUEDES Y
YA ESTARÁS A MEDIO
CAMINO."
- THEODORE ROOSEVELT
Hogar Dulce Hogar

Capítulo 8

El crédito cuenta: Cómo construir un mejor puntaje para comprar una casa

Admitámoslo: los puntajes de crédito son como los boletines de notas para los adultos. Y como en la escuela, un puntaje más alto abre más puertas (literalmente, en este caso). Tu puntuación crediticia desempeña un papel importante a la hora de decidir si puedes comprar una casa, el tipo de préstamo para el que tienes derecho y cuánto pagarás con el tiempo. Vamos a desglosarlo paso a paso para ayudarte a construir la base crediticia que necesitas.

Por qué importa el crédito al comprar una vivienda: Cuando solicitas una hipoteca, los prestamistas utilizan tu puntuación crediticia para evaluar la fiabilidad. Una puntuación más alta significa más opciones de préstamo, mejores tasas de interés y menores costos a lo largo del tiempo. Por el contrario, una puntuación baja puede limitar tus opciones o aumentar el costo de tu préstamo. Aquí tienes un desglose general de los rangos de puntuación crediticia:

- **Excelente (740 y superior):** Eres el sueño de cualquier prestamista.
- **Buena (700-739):** Rango sólido; obtendrás tarifas razonables.
- **Regular (650-699):** Los préstamos son posibles, pero las tasas podrían ser más altas.

- **Pobre (600-649):** La aprobación puede ser posible, pero espera condiciones más estrictas.
- **Muy pobre (por debajo de 600):** Difícil, pero no imposible, con los pasos adecuados.

Para quienes tienen puntuaciones más bajas, los préstamos de la FHA suelen ser una opción más accesible debido a su indulgencia con los requisitos crediticios.

Por qué es importante la exactitud: Las entidades crediticias, los arrendadores e incluso algunos empleadores utilizan tu informe crediticio para evaluar tu fiabilidad. Las imprecisiones, como información personal incorrecta o datos de cuenta erróneos, pueden dar lugar a malentendidos o incluso a la usurpación de identidad. Asegurarte de que tu informe refleje información precisa es esencial para mantener tu salud financiera.

Comprueba tu crédito: primeros pasos: Antes incluso de soñar con pisos de madera o cocinas integradas, empieza por saber cuál es tu situación crediticia. Tu informe crediticio es una instantánea de tu historial financiero, y su exactitud es crucial. Los errores en tu informe podrían reducir tu puntuación y poner en peligro tu capacidad para conseguir condiciones de préstamo favorables.

Cómo obtener tu informe de crédito gratuito: Tienes derecho a un informe de crédito gratuito al año de cada una de las tres principales agencias de crédito: Equifax, Experian y TransUnion. Accede a ellos a través de AnnualCreditReport.com. Obtén copias de los tres informes, revisa si existen **errores o discrepancias** y disputa cualquier cosa que sea incorrecta.

1. **Revisa la información personal:** Asegúrate de que tu nombre, dirección, número de la Seguridad Social e historial laboral estén correctos. Incluso los pequeños errores pueden causar grandes complicaciones. No es raro que alguien tenga que corregir su informe crediticio varias veces debido a confusiones con familiares que comparten el mismo apellido.
2. **Examina los detalles de la cuenta:** Asegúrate de que todas las cuentas que aparecen sean tuyas y de que los saldos,

los historiales de pago y tu estado sean correctos. Busca cuentas desconocidas o pagos atrasados incorrectos.

3. **Identificar inexactitudes:** Entre los errores más comunes están las cuentas duplicadas, los saldos incorrectos o las cuentas que se te atribuyen erróneamente. Anota las discrepancias que encuentres.
4. **Reúne documentos justificativos:** Reúne documentos que respalden tu reclamación, como registros de pagos o correspondencia con los acreedores.
5. **Presenta una reclamación:** Proporciona una explicación clara del error e incluye copias de los documentos justificativos. Puedes impugnar los errores por Internet, por correo o por teléfono. Cada oficina de crédito tiene su propio proceso:
   - **Equifax.** Presenta una disputa en línea.

     Sitio web: https://www.equifax.com/personal/disputes/
   - **Experian.** Información sobre litigios

     Sitio web: https://www.experian.com/disputes/main.html
   - **TransUnion.** Inicia una disputa.

     Sitio web: https://www.transunion.com/credit-disputes
6. **Seguimiento:** La oficina de crédito suele tener 30 días para investigar tu disputa. Si se realizan cambios, te informarán del resultado y te proporcionarán una copia gratuita de tu informe actualizado.

Los 8 errores más frecuentes en los informes de crédito:

1. **Información personal incorrecta:** Errores como nombres mal escritos, direcciones equivocadas o números de Seguridad Social inexactos.

2. **Cuentas que no te pertenecen:** Cuentas que se te atribuyen erróneamente, posiblemente debido a un robo de identidad o a archivos mezclados.
3. **Cuentas duplicadas:** La misma deuda figura varias veces, lo que puede inflar tu carga de deuda percibida.
4. **Estado de cuenta incorrecto:** Cuentas declaradas como abiertas cuando están cerradas, o viceversa, o cuentas marcadas incorrectamente como morosas.
5. **Historial de pagos inexacto:** Los pagos se notificaron con retraso, pero en realidad se hicieron a tiempo.
6. **Saldo o límite de crédito incorrectos:** Cuentas que muestran saldos actuales o límites de crédito incorrectos que afectan a tu relación de utilización del crédito.
7. **Información obsoleta:** Información negativa que debería haberse eliminado después del plazo legalmente establecido.
8. **Registros públicos incorrectos:** Errores en los registros públicos, como quiebras o sentencias que no te pertenecen.

Corrección de errores: Ejemplo de la vida real

Consideremos el caso de Jane, una joven profesional de Texas. A pesar de sus sólidos hábitos financieros, le denegaron una hipoteca debido a varios errores en su informe crediticio: un nombre mal escrito, una dirección incorrecta y una cuenta morosa que no era suya. Decidida a corregirlo, Jane:

- Accedió a sus informes de crédito a través de AnnualCreditReport.com.
- Identificó los errores y reunió documentos justificativos, como extractos bancarios.
- Presentó impugnaciones en línea ante cada oficina, dando explicaciones claras.

En 30 días se corrigieron las inexactitudes, mejoró su puntuación crediticia y consiguió una tasa hipotecaria favorable para comprar la casa de sus sueños.

Construyendo los cimientos de tu crédito: Cómo ayudan las compañías hipotecarias a reparar el crédito

Emprender el viaje hacia la propiedad de una vivienda puede ser a la vez emocionante y desalentador, sobre todo cuando tu puntuación crediticia no está donde tiene que estar. Una compañía hipotecaria de confianza puede ser un aliado invaluable en este proceso. Muchos prestamistas de primer nivel disponen de servicios internos de reparación del crédito o colaboran con agencias especializadas en la materia para ayudar a los posibles propietarios a mejorar sus perfiles crediticios.

Estos servicios suelen comenzar con una revisión exhaustiva de tu informe crediticio para identificar inexactitudes o elementos negativos que puedan estar mermando tu puntuación. Entre los problemas más comunes están la información obsoleta, los datos incorrectos de las cuentas o incluso las actividades fraudulentas. Al abordar estos errores, deberías ver una mejora significativa en tu puntuación crediticia. Por ejemplo, las empresas de reparación de crédito revisan y cuestionan las inexactitudes de tu informe crediticio, lo que puede aumentar tu puntuación, pero los resultados y los plazos pueden variar.

Más allá de corregir errores, estos servicios de reparación del crédito ofrecen estrategias personalizadas para mejorar tu solvencia. Esto puede implicar orientación para reducir las deudas pendientes, establecer un historial de pagos puntuales o gestionar eficazmente la utilización del crédito. Siguiendo un plan personalizado, puedes trabajar para conseguir una puntuación crediticia que se ajuste a las normas de calificación hipotecaria.

Además, una gran empresa hipotecaria no se limita a reparar el crédito. Colaboran contigo para establecer objetivos claros y alcanzables en tu camino hacia la propiedad de una vivienda. Esto incluye esbozar los pasos necesarios, proporcionar plazos y ofrecer recursos para mantenerte en el buen camino. Esta orientación estructurada garantiza que no transites solo por las complejidades de la mejora del crédito y la calificación hipotecaria.

Obtener asesoramiento profesional puede ayudarte a evitar errores costosos y caídas bruscas en tu puntuación. Por ejemplo, liquidar el saldo de tu tarjeta de crédito suele ser beneficioso para tu puntuación crediticia, ya que reduce tu coeficiente de utilización del crédito y la cantidad de crédito que estás utilizando en relación con tu crédito total disponible. Sin embargo, en algunos casos, puedes notar un descenso temporal en tu puntuación crediticia después de pagar una tarjeta de crédito. Si estás intentando comprar una casa, esto podría ser un error costoso.

Es importante tener en cuenta que, aunque estos servicios pueden ser muy beneficiosos, no son una solución rápida. Mejorar tu puntuación crediticia requiere tiempo, disciplina y un esfuerzo constante. Sin embargo, con el apoyo de una empresa hipotecaria especializada y sus socios de reparación de crédito, puedes tomar decisiones informadas y adoptar medidas proactivas para hacer realidad tu sueño de ser propietario de una vivienda.

En resumen, asociarte con una empresa hipotecaria que ofrezca o colabore con servicios de reparación del crédito puede proporcionarte un enfoque integral para prepararte para ser propietario de una vivienda. Abordar los problemas crediticios y establecer objetivos claros puede mejorar tu perfil financiero y acercarte a la obtención de la vivienda que siempre has deseado.

Mejorar tu crédito

Mejorar tu crédito requiere tiempo y un esfuerzo constante, pero las recompensas valen la pena. Aquí tienes estrategias prácticas para reforzar tu perfil crediticio:

- **Paga a tiempo:** Configura los pagos automáticos para evitar pagos atrasados.
- **Baja la utilización del crédito**: Utiliza menos del 30% de tu crédito disponible. Supongamos que tu límite de crédito es de $10.000; es bueno mantener tu saldo por debajo de $3.000. Si puedes mantener tu utilización por debajo del 10%, sería fantástico y aumentaría aún más tu puntuación.

- **Mantén abiertas las cuentas antiguas:** La antigüedad del historial crediticio importa, así que no cierres tarjetas de crédito antiguas innecesariamente. (A menos que te lo aconseje un agente de crédito o un experto en crédito)
- **Conviértete en usuario autorizado:** Pide a un familiar de confianza que te añada a su cuenta de tarjeta de crédito para beneficiarte de sus buenos hábitos crediticios.

Evita estos errores comunes en el crédito

1. **Cerrar cuentas antiguas:** Reduce tu historial crediticio y puede disminuir tu puntuación.
2. **Utilización elevada del crédito:** Indica tensión financiera; intenta utilizar menos del 30% de tu crédito disponible.
3. **Ignorar tu informe de crédito:** Los errores pasados por alto pueden costarte puntos y oportunidades.
4. **Pagos atrasados o no efectuados:** Pagar tus facturas en fecha o antes del vencimiento es crucial, ya que los pagos atrasados o no efectuados pueden afectar significativamente tu puntuación crediticia. Si pagas electrónicamente, procura hacerlo con al menos cinco días laborables de antelación para asegurarte de que se procese a tiempo. Para el correo tradicional, lo mejor es permitir un mínimo de dos semanas para evitar retrasos.
5. **Frecuentes solicitudes de crédito**: Demasiadas solicitudes de crédito en un breve período de tiempo pueden afectar negativamente a tu puntuación.

Soft Pull vs. Hard Pull (Consulta suave frente a Consulta dura) ¿cuál es la diferencia?

- **Soft Pull (consulta suave):** No afecta a tu puntuación crediticia. Se utiliza para la precalificación, la comprobación de antecedentes o las consultas personales de crédito.
- **Hard Pull (consulta dura):** Puede bajar tu puntuación temporalmente. Ocurre cuando los prestamistas comprueban

tu crédito para concederte un préstamo o una tarjeta de crédito.

Escenario de la vida real: El camino hacia un mejor crédito

Conozcamos a María. Lleva años alquilando y por fin está preparada para comprar su primera casa. Al revisar su informe de crédito, se sorprende al encontrar una puntuación de 640, más baja de lo esperado. En lugar de rendirse, María actúa:

- Impugna dos errores de su informe.
- Configura el pago automático de sus facturas y reduce los saldos de sus tarjetas de crédito.
- Trabaja con un prestamista para comprender sus opciones y elaborar un plan.

Seis meses después, la puntuación de María ha subido a 700, ¡y está precalificada para una hipoteca con una mejor tasa de interés!

1. **Comprueba regularmente tu** informe crediticio en busca de errores y disputa las inexactitudes rápidamente.
2. Céntrate en **crear hábitos crediticios sólidos**, como pagos puntuales y una baja utilización del crédito.
3. Busca **orientación profesional** de prestamistas o servicios de reparación del crédito si tu puntuación necesita mejorar.

Resumen: Tu puntuación crediticia es una parte vital del proceso de compra de una vivienda, ya que influye en tus opciones de préstamo y en los costos. Empieza por revisar tu informe crediticio, corregir errores y adoptar hábitos crediticios inteligentes. Con tiempo y esfuerzo, puedes mejorar tu puntuación, abriendo la puerta a mejores tasas hipotecarias y oportunidades de ser propietario de una vivienda.

Una vez sentadas estas bases, veamos más de cerca cómo formar el equipo adecuado para acompañarte en tu viaje hacia la compra de tu hogar.

Capítulo 9

El equipo ideal para comprar una casa: A quién necesitas y cómo pueden ayudarte

Comprar una casa no es una aventura en solitario. Es más bien un deporte de equipo, y quieres tener a tu lado a los mejores jugadores. Contar con el equipo adecuado puede ahorrarte tiempo, dinero y estrés. Desglosemos en a quién necesitas, por qué son esenciales y cómo elegir a los adecuados.

¿Necesito un agente inmobiliario?

La respuesta corta es: **Sí, probablemente sí**. Un buen agente inmobiliario puede ser tu guía, negociador y defensor, todo en uno.

Qué hace por ti un agente inmobiliario

- **Encuentra listados de viviendas** que cumplan tus criterios.
- **Organiza las visitas** y proporciona información sobre los pros y los contras de cada vivienda.
- **Negocia en tu nombre** para conseguirte el mejor trato posible.
- **Gestiona el papeleo** y garantiza que se cumplan todos los plazos.

Piensa en un agente como en tu GPS inmobiliario. Conoce la zona y las tendencias del mercado, y puede ayudarte a evitar posibles obstáculos.

Errores de novato que un gran agente inmobiliario puede ayudarte a evitar

1. **Pagar de más** por una casa porque no conoces las ventas comparables.
2. **Saltarse inspecciones** o renunciar a contingencias que podrían protegerte.
3. **Apegarse emocionalmente** a una casa que no es una buena opción financiera.
4. **Ignorar los costos ocultos**, como los impuestos sobre la propiedad, las cuotas de la Asociación de Propietarios y el seguro.
5. **No comprender las tendencias del mercado:** Hacer una oferta sin saber si es un mercado de compradores o de vendedores puede llevar a pagar de más o a perderse un gran negocio.
6. **Subestimar los costos de cierre:** Olvidar presupuestar los costos de cierre, como las comisiones del prestamista, el seguro del título y los impuestos de transferencia.
7. **No revisar la letra pequeña:** Pasar por alto detalles clave de los contratos o las normas de la Asociación de Propietarios que pueden limitar tu uso de la propiedad.
8. **Pasar por alto los factores del vecindario:** Centrarse en la casa y no tener en cuenta las zonas, los servicios del barrio o la falta de ellos.
9. **Saltarse una preaprobación:** Empezar la búsqueda de vivienda sin saber cuánto puedes permitirte ni demostrar a los vendedores que eres un comprador serio.
10. **Apresurarse en las guerras de ofertas:** Dejar que las emociones te lleven a hacer ofertas más altas de lo que puedes permitirte cómodamente.
11. **No tener en cuenta el valor de reventa:** Ignorar el posible valor de reventa de la propiedad podría afectar tus futuros objetivos económicos.

12. **Pasar por alto los costos de reparación:** No tener en cuenta las reparaciones necesarias o los costos de renovación al elaborar el presupuesto.
13. **Perderte incentivos:** No conocer los incentivos del constructor, las ayudas al pago inicial u otros programas que podrían ahorrarte dinero.
14. **No negociar:** Aceptar la primera oferta o las condiciones sin explorar posibles ahorros en el precio, las reparaciones o los gastos de cierre.
15. **Elegir el tipo de hogar equivocado:** Centrarse en el tipo de propiedad equivocado (por ejemplo, casa unifamiliar vs. condominio) sin tener en cuenta las responsabilidades de mantenimiento, las necesidades del estilo de vida o los objetivos a largo plazo, podría provocar remordimientos de comprador.

Un agente inmobiliario experto actúa como guía y defensor, ayudándote a sortear estos obstáculos con confianza.

Dato curioso: ¡La mayoría de los agentes inmobiliarios aman la búsqueda de casas tanto como tú! Es como hacer un "match" en una pareja, pero con casas.

Consejos para negociar con un comprador un acuerdo de representación antes de firmar

Un **acuerdo de representación del comprador** establece las condiciones de tu relación con el agente inmobiliario. A continuación te explicamos cómo asegurarte de que sea justo:

- **Comprende el propósito:** Un acuerdo de representación del comprador formaliza la relación entre tú y tu agente inmobiliario, garantizando que represente tus intereses durante el proceso de compra de una vivienda. No es sólo papeleo, es un compromiso.

- **Aclara la comisión:** Comprende cómo funciona la comisión del agente. Aunque es negociable, a menudo es el vendedor quien paga la comisión, pero algunos acuerdos incluyen cláusulas que obligan al comprador a cubrirla en determinadas circunstancias. Confírmalo antes de firmar.
- **Comprende las condiciones**: Revisa la estructura de comisiones, la duración del contrato y las obligaciones.
- **Solicita un plazo más corto**: Si no estás seguro de comprometerte, comprueba si el agente acepta un contrato de menor duración. A veces, incluso puede limitarse a mostrar una propiedad concreta.
- **Conoce los servicios que recibirás:** Pregunta a tu agente qué servicios te prestará, como análisis de mercado, apoyo en la negociación, visitas a las propiedades y orientación hasta el cierre. Esto ayuda a establecer expectativas claras.
- **Busca una cláusula de rescisión:** Comprueba si el acuerdo incluye una cláusula de rescisión o cancelación. Esto te permite poner fin al acuerdo si no estás satisfecho con el servicio del agente.
- **Comprueba si exige exclusividad**: Algunos acuerdos exigen que trabajes sólo con ese agente. Asegúrate de sentirte cómodo con este compromiso.
- **Comprende la representación:** Si llamas por una propiedad anunciada por un agente inmobiliario concreto y también te enseña la casa, ten en cuenta que puede estar representando al vendedor como agente anunciante. Aclara si también actuará como agente doble, representándote a ti y al vendedor, o si puede remitirte a otro agente para que te represente de forma independiente, a fin de evitar posibles conflictos de intereses.

¿Cuál es la diferencia entre un agente inmobiliario y un corredor inmobiliario?

Aunque ambos te ayudan a comprar casas, hay una diferencia:

- **Agente inmobiliario**: Licenciado para ayudar a los clientes a comprar, vender o alquilar propiedades.
- **Agente inmobiliario**: Tiene formación adicional y puede dirigir a otros agentes. Suelen supervisar las transacciones y garantizar el cumplimiento de la legislación.

En resumen, todos los corredores son agentes, pero no todos los agentes son corredores.

"El guía adecuado en tu viaje de compra de vivienda no se limita a mostrarte casas: te proporciona claridad, seguridad y conexión. Un buen agente inmobiliario te ayuda a tomar decisiones informadas que realmente se sientan correctas".

Brandy Olaniyan, Agente inmobiliario

Prestamista hipotecario o corredor hipotecario: ¿Cuál es el adecuado para ti?

A la hora de conseguir una hipoteca, tendrás que elegir entre trabajar directamente con una **entidad crediticia** o hacerlo a través de un **agente o corredor hipotecario**. Comprender sus funciones, ventajas e inconvenientes potenciales te ayudará a determinar qué opción se adapta mejor a tus necesidades.

¿Qué es un prestamista hipotecario? Un **prestamista** es una institución o entidad financiera que proporciona fondos directamente para tu hipoteca. Esto incluye bancos, cooperativas de crédito y prestamistas online. Los prestamistas evalúan tu perfil financiero, aprueban tu solicitud de préstamo y desembolsan los fondos que necesitas para comprar tu casa.

Ventajas de recurrir a un prestamista:

- **Control directo**: Trabajarás directamente con el prestamista, eliminando intermediarios.
- **Proceso racionalizado**: La comunicación suele ser directa, ya que no hay intermediarios.
- **Costos potencialmente más bajos**: Como los prestamistas no cobran comisiones a terceros, el costo total puede ser inferior al de trabajar con un intermediario.

Cuándo elegir un prestamista (banco, cooperativa de crédito, etc.)

- Si tu situación financiera es sencilla, como tener ingresos estables, buen crédito y ninguna necesidad financiera especial.
- Si prefieres trabajar directamente con una sola entidad para gestionar tú mismo el proceso de préstamo.
- Tienes ingresos estables, buen crédito y una situación financiera sencilla.

¿Qué es un agente o corredor hipotecario? Un agente o corredor hipotecario actúa como intermediario entre tú y varios prestamistas. Los agentes trabajan en tu nombre para buscar préstamos, encontrar tasas competitivas e identificar opciones que se ajusten a tus necesidades financieras. Son especialmente útiles para prestatarios con circunstancias financieras únicas, como autónomos o personas con baja puntuación crediticia, ya que pueden encontrar préstamos adaptados a sus necesidades específicas.

Ventajas de utilizar un corredor hipotecario:

- **Acceso a múltiples prestamistas**: Los intermediarios pueden presentarte diversas opciones de préstamo, incluidas las de prestamistas que quizá no hayas considerado.

- **Soluciones personalizadas**: Pueden encontrar programas de préstamos especializados, como préstamos Non-QM para ingresos irregulares, préstamos jumbo para viviendas de alto valor o préstamos para prestatarios con menor puntuación crediticia.
- **Ahorro de tiempo**: Los intermediarios se encargan de comparar tasas, condiciones y prestamistas, ahorrándote horas, días o incluso meses de investigación.
- **Escenarios únicos**: Los intermediarios suelen trabajar con prestamistas dispuestos a aprobar préstamos a prestatarios rechazados por las instituciones tradicionales.

Desventajas de utilizar un corredor hipotecario:

- **Comisiones adicionales**: Los intermediarios pueden cobrar comisiones de servicio, que pueden aumentar tus costos totales. Pide siempre por adelantado un desglose detallado de las comisiones.
- **Posibles conflictos de intereses**: Algunos intermediarios pueden dar prioridad a los prestamistas que les ofrezcan comisiones más altas.
- **Menos control directo:** Dado que los intermediarios se encargan de la comunicación con los prestamistas, confías en ellos para gestionar el proceso con eficacia. Asegúrate de comprobar la reputación y el historial del intermediario, ya que algunos préstamos pueden venirse abajo en el último minuto si el intermediario no tiene autoridad para la aprobación final o juzga mal los requisitos del prestamista. Los intermediarios dignos de confianza deben tener relaciones sólidas con prestamistas confiables.

Cuándo elegir un corredor hipotecario

- **Circunstancias financieras únicas**: Si tienes ingresos fluctuantes, una puntuación crediticia baja o un historial de denegaciones de préstamos anteriores, un intermediario puede ofrecerte soluciones personalizadas.

- **Acceso a más opciones**: Si quieres acceder a una gama más amplia de programas de préstamo o necesitas ayuda para encontrar soluciones de financiación no tradicionales, los intermediarios pueden ponerte en contacto con prestamistas especializados.
- **Ahorra tiempo y esfuerzo**: Prefieres que otra persona se encargue de comparar los tipos y las condiciones de varios prestamistas.
- **¿Has sido rechazado antes**? Si un prestamista tradicional te lo ha denegado, un intermediario puede ponerte en contacto con prestamistas especializados en segundas, terceras o incluso cuartas oportunidades, lo que aumenta significativamente tu probabilidad de aprobación.

Programas de préstamos especializados a través de corredores: Si bien programas como los Préstamos Jumbo están disponibles a través de prestamistas tradicionales, los corredores hipotecarios suelen proporcionar un mayor acceso a opciones y prestamistas especializados para situaciones únicas, lo que los hace valiosos para prestatarios no estándar.

Los intermediarios hipotecarios suelen tener acceso a programas de préstamos que los prestamistas tradicionales no ofrecen, entre otros:

- **Hipotecas no calificadas (Non-QM):** Para prestatarios con situaciones de ingresos singulares, como autónomos o personas con flujos de ingresos irregulares.
- **Préstamos Jumbo:** Para propiedades que superan los límites de los préstamos conformes, adecuados para la compra de viviendas de alto valor.
- **Préstamos solo de intereses:** Permitir a los prestatarios pagar sólo los intereses durante un período determinado puede beneficiar determinadas estrategias financieras.
- **Préstamos para puntuaciones crediticias bajas:** Algunos corredores trabajan con prestamistas dispuestos a aprobar préstamos a prestatarios con problemas de crédito.

- **Has sido rechazado por otros prestamistas:** Los agentes hipotecarios tienen acceso a muchos prestamistas, y es posible que tengan uno que se ajuste a tus necesidades.

Ejemplo de la vida real: Cómo pueden ayudar los corredores hipotecarios

A Anna, diseñadora gráfica autónoma con ingresos irregulares, tres bancos y su cooperativa de crédito le denegaron una hipoteca. Un corredor hipotecario especializado en préstamos para autónomos puso a Anna en contacto con un prestamista que ofrecía un préstamo No-QM adaptado a su situación. Gracias a la experiencia del agente, Anna pudo comprar la casa de sus sueños.

Buena práctica: Consulta tanto a prestamistas como a intermediarios para comparar las condiciones, tasas y comisiones de los préstamos. Algunas de las soluciones más creativas proceden de los intermediarios hipotecarios, ya que piensan de forma innovadora y a menudo tienen acceso a programas exclusivos. Además, los corredores no siempre son más caros: muchos ofrecen tipos competitivos que rivalizan con los prestamistas directos. Pide siempre transparencia sobre cualquier costo adicional antes de decidirte

Dato curioso: ¿Sabías que los agentes o corredores hipotecarios suelen tener acceso a más de 30 prestamistas diferentes? Eso es como tener un bufé de opciones de préstamo, ¡comparado con el menú único que tendrías en un banco!

Puntos clave que debes recordar

1. **Comprende la diferencia**: Los prestamistas financian los préstamos directamente, mientras que los intermediarios (corredores o agentes) te ponen en contacto con varios prestamistas.

2. **Adáptate a tus necesidades**: Elige un prestamista si tu situación es simple o un intermediario para soluciones personalizadas y opciones más amplias.
3. **Haz preguntas**: Aclara siempre las comisiones, las condiciones y las opciones de préstamo para tomar una decisión con conocimiento de causa.

Recuerda que el camino hacia la propiedad de una vivienda es único para cada persona. Al conocer las funciones de los prestamistas y los corredores hipotecarios, podrás tomar decisiones con conocimiento de causa que se ajusten a tus objetivos económicos y a tus sueños de ser propietario de una vivienda.

La guía esencial para contratar a un inspector de viviendas: Protege tu inversión

¿Debo contratar a un inspector de viviendas? Sí, sí y ¡sí! Si compras una casa de segunda mano (usada), un **inspector de viviendas** puede descubrir posibles problemas antes de que te comprometas a comprarla. Si compras una casa nueva a un constructor, también puedes contratar a un inspector de viviendas para detectar posibles problemas antes del cierre.

Qué buscar en un inspector de viviendas

- **Licenciado, asegurado y con fianza:** Garantiza que trabajas con un profesional al que se le pueden exigir responsabilidades.
- **Experiencia**: Un inspector con años de experiencia probablemente detectará problemas sutiles.
- **Informes detallados**: Deben proporcionar un informe claro con fotos y explicaciones de los hallazgos.
- **Conocimientos especializados:** Si la casa tiene características únicas, como una piscina, un sistema séptico o problemas de cimentación, busca un inspector con experiencia o acceso a especialistas.
- **Recomendaciones de fuentes de confianza:** Pide recomendaciones a tu agente inmobiliario, amigos o familiares, pero asegúrate de investigar al inspector de forma independiente para evitar conflictos de intereses.
- **Herramientas y tecnología**: Asegúrate de que el inspector utilice herramientas modernas, como imágenes térmicas, medidores de humedad o drones, si es necesario, para proporcionar una evaluación más completa.

Qué está incluido (o no)

- **Incluye**: Tejado, cimientos, sistemas eléctricos, de plomería y de calefacción, ventilación y aire acondicionado.
- **Normalmente, no se incluyen**: Cuestiones estéticas, paisajismo y detalles no estructurales.

Nota importante: No esperes que el vendedor arregle todo lo que aparece en el informe de inspección. Prepárate para dar prioridad a las reparaciones importantes, los problemas de seguridad o los posibles problemas para cerrar el trato. No te preocupes por los detalles.

El peligro oculto subyacente: Cómo una inspección de la vivienda evitó un desastre

Cuando la familia Thompson decidió vender su casa, previeron los preparativos habituales: desorden, puesta en escena y pequeñas reparaciones. Sin embargo, durante la inspección de la casa por parte del comprador se hizo un descubrimiento sorprendente, que hizo saber a todos los miembros de la familia Thompson que corrían un alto riesgo.

El inspector de viviendas del comprador, un profesional experimentado, examinó meticulosamente todos los aspectos de su casa. Al inspeccionar el calentador de agua, observó conexiones irregulares en el cableado. Una investigación más a fondo reveló que la unidad estaba mal conectada, lo que creaba un peligro potencial que podría haber provocado una explosión.

Comprender el peligro

Los calentadores de agua a gas dependen de unas conexiones eléctricas adecuadas para funcionar con seguridad. Un cableado incorrecto puede hacer que los componentes funcionen mal, provocando fugas de gas o fallos de encendido. En este caso, el cableado incorrecto podría haber provocado la acumulación de gas, lo que supone un grave riesgo de explosión.

Reflexionar sobre negligencias pasadas

Los Thompson habían vivido en la casa durante años sin problemas aparentes. Realizaban el mantenimiento rutinario, pero nunca consideraron la posibilidad de un problema de seguridad tan crítico. Este descuido puso de relieve la importancia de las inspecciones minuciosas por parte de profesionales calificados.

El papel de un inspector de viviendas profesional

La experiencia de un inspector de viviendas profesional es invaluable para identificar peligros potenciales que pueden no ser evidentes para los propietarios. Sus exhaustivas evaluaciones abarcan la integridad estructural, los sistemas eléctricos, la fontanería y otros aspectos, garantizando que tanto los vendedores como los compradores estén al tanto de cualquier problema.

Tomar medidas inmediatas

Al enterarse del fallo, los Thompson contrataron a un electricista para que rectificara el problema. Se corrigió el cableado defectuoso y se comprobó que el calentador de agua funcionaba con seguridad. Esta rápida actuación no sólo protegió a la familia Thompson, sino que también mantuvo la confianza de los posibles compradores.

Lecciones aprendidas

Esta experiencia subrayó la importancia crítica de la seguridad y el valor de las inspecciones profesionales. El mantenimiento periódico y las inspecciones por parte de profesionales calificados son esenciales para identificar y abordar los peligros potenciales antes de que se agraven.

Puntos claves que debes recordar:

- **Prioriza la seguridad:** Inspecciona y mantén regularmente los sistemas de la casa para evitar posibles peligros.
- **Contrata a profesionales calificados:** Contrata a inspectores y contratistas con licencia y experiencia para que realicen evaluaciones y reparaciones exhaustivas.
- **Mantente informado:** Infórmate sobre los sistemas de tu casa para reconocer cuándo se necesita ayuda profesional.

En conclusión, esta experiencia nos recuerda que pueden existir peligros imperceptibles en nuestros hogares. Al priorizar la seguridad y confiar en la experiencia profesional, podemos proteger a nuestras familias y asegurarnos de que nuestros hogares sigan siendo refugios seguros.

Casas nuevas frente a casas de segunda mano: Diferencias entre las inspecciones

- **Casas nuevas**: Incluso con ese olor a pintura fresca, las casas nuevas no son inmunes a los problemas. Pueden surgir descuidos en la construcción, por lo que es aconsejable realizar una inspección antes del cierre. La mayoría de los constructores ofrecen una garantía de un año que cubre más del 90% de los componentes de la casa. Curiosamente, algunos gestores de garantías sugieren programar una inspección por terceros unos 10-11 meses después del cierre. Para entonces, la casa ya está asentada y es más probable que aparezca cualquier anomalía, pero aún está dentro de ese plazo de garantía.
- **Casas de segunda mano**: Las casas más antiguas tienen carácter y a veces algunas sorpresas. Piensa en tejados viejos, tuberías extravagantes o instalaciones eléctricas antiguas. Un inspector puede ayudarte a descubrir estas joyas ocultas (o trampas) para que sepas exactamente en qué te estás metiendo.

En ambos casos, una inspección minuciosa es tu mejor aliado, para asegurarte de que tu nueva casa sea tan acogedora como parece.

El dilema de la casa vintage: Cuando la inexperiencia cuesta un sueño

La familia Miller estaba dispuesta a vender su encantador bungalow de 1920, una casa llena de encanto vintage que sabían que cautivaría al comprador adecuado. Los pisos de madera originales, las intrincadas molduras y los accesorios antiguos contaban historias de una época pasada. Sin embargo, también comprendían que una casa antigua tiene sus peculiaridades, sobre todo en lo que respecta a los códigos de construcción modernos.

Aquí es donde entran los ansiosos compradores primerizos, Julia y Tom. Ellos se enamoraron de la casa a primera vista, imaginando su futuro entre sus muros históricos. Su entusiasmo era palpable, y los Miller estaban encantados de traspasar su querida casa a alguien que apreciara su carácter.

Desafortunadamente, la agente de bienes raíces de Julia y Tom era relativamente nueva en el campo. Durante la inspección de la casa, el inspector señaló varios elementos que, si bien cumplían con las normativas en el momento de la construcción, no se alineaban con los códigos de construcción actuales. Esto incluía cosas como la ausencia de interruptores de circuito de falla a tierra (GFCI) en la cocina y los baños y el uso de métodos de cableado eléctrico más antiguos.

El informe del inspector fue minucioso, como era de esperar. Su trabajo consiste en señalar las discrepancias entre el estado actual de la casa y las normas modernas, aunque esas discrepancias sean típicas de casas de esa antigüedad. Sin embargo, la agente, poco familiarizada con las propiedades antiguas, interpretó el informe como una lista de defectos críticos. Se lo comunicó urgentemente a Julia y Tom, sugiriendo que la casa estaba plagada de problemas.

Comprensiblemente, la joven pareja se puso nerviosa. La casa de sus sueños parecía ahora un pozo de dinero en potencia. A pesar de los esfuerzos de los Miller por explicarles que estos hallazgos eran habituales en casas antiguas y no indicaban necesariamente problemas graves, la confianza de Julia y Tom se tambaleó. Decidieron retirar su oferta, temiendo gastos imprevistos y problemas de seguridad.

Unas semanas después, los Miller recibieron una oferta de una fuente inesperada: un inspector de viviendas. Con años de experiencia evaluando propiedades, reconoció que los llamados "problemas" eran típicos de una casa de esa antigüedad y no planteaban problemas importantes. Apreció el carácter de la casa y vio su verdadero valor, haciendo una oferta justa que los Miller aceptaron encantados.

Puntos clave que debes recordar:

- **Comprender el contexto de los informes de inspección**: En las casas antiguas, algunas características pueden no cumplir los códigos actuales, pero no son necesariamente problemáticas. Es esencial distinguir entre los problemas genuinos y las características estándar de las propiedades antiguas.
- **Elige profesionales con experiencia:** Trabajar con agentes inmobiliarios e inspectores con experiencia en casas antiguas o en cualquier tipo específico de casa que busques puede proporcionarte conocimientos valiosos y evitar malentendidos.
- **Comunícate abiertamente:** Discute las preocupaciones con todas las partes implicadas si surgen a partir de una inspección. Comprender la naturaleza de los hallazgos puede ayudar a tomar decisiones informadas.

Finalmente, el bungalow de la familia Miller encontró un nuevo propietario que apreciaba su historia y su encanto. Julia y Tom, decepcionados, se decidieron finalmente por otra casa. Esta experiencia pone de relieve la importancia de la experiencia y la comunicación clara en las transacciones inmobiliarias, para que compradores y vendedores puedan avanzar con confianza.

"Ser propietario de una vivienda es una inversión para tu futuro. Aumenta el patrimonio y crea una base para la estabilidad financiera. No es sólo una compra; es un paso hacia el crecimiento a largo plazo".

Mary Ann Juarez, Agente Inmobiliaria
Inmobiliaria Ziglar

Asesor fiscal o contable: Un complemento opcional pero útil

Un asesor fiscal o un contador puede ayudarte a comprender las implicaciones y ventajas fiscales de la compra de una vivienda. La información que figura a continuación tiene fines educativos y te ayudará a saber qué preguntas hacer. La situación de cada persona es diferente, así que asegúrate de consultar a tu asesor fiscal sobre tu situación específica.

Cómo pueden ayudarte

- **Beneficios fiscales**: Te explicarán deducciones como los intereses hipotecarios y los impuestos sobre la propiedad.
- **Planificación a largo plazo**: Pueden ayudarte a comprender cómo afecta la propiedad de una vivienda a tu plan financiero general.

Aunque no es esencial, un asesor fiscal puede ser valioso, sobre todo si es la primera vez que compras una casa.

Ser propietario de una vivienda no es sólo tener un lugar al que llamar propio; también conlleva varias ventajas fiscales que pueden suponer una diferencia significativa en tu situación financiera. Veamos algunas de las principales ventajas.

1. Deducción de intereses hipotecarios

Una de las ventajas fiscales más importantes para los propietarios de viviendas es la posibilidad de deducir los intereses hipotecarios. Si detallas tus deducciones, puedes restar de tu renta imponible los intereses pagados por tu hipoteca. Si estás casado y declaras conjuntamente por préstamos contraídos después del 15 de diciembre de 2017, puedes deducir los intereses de los primeros $750.000 de deuda hipotecaria. Esta deducción puede suponer un ahorro considerable, sobre todo en los primeros años de tu hipoteca, cuando los pagos de intereses son más elevados.

2. Deducción del Impuesto sobre la propiedad

Los propietarios de viviendas también pueden deducir los impuestos estatales y locales sobre la propiedad, hasta un total combinado de $10.000 anuales. Esta deducción es especialmente beneficiosa en zonas con elevados impuestos sobre la propiedad, ya que contribuye a reducir tu carga fiscal total.

3. Exclusión de las plusvalías

Al vender tu vivienda habitual, puedes excluir una parte importante de la ganancia del impuesto sobre plusvalías. Si has sido propietario de la vivienda y has vivido en ella durante al menos dos de los cinco años anteriores a la venta, puedes excluir hasta $250.000 de ganancia si eres soltero o hasta $500.000 si estás casado y declaras conjuntamente. Esta exclusión puede suponer una ventaja sustancial cuando llegue el momento de mudarte a tu próxima casa.

4. Deducción del seguro hipotecario

Si tu pago inicial fue inferior al 20%, es posible que estés pagando un seguro hipotecario privado (PMI) o primas de seguro hipotecario (MIP). La buena noticia es que, pese a estar sujetas a limitaciones de ingresos, estas primas pueden ser deducibles, reduciendo aún más tu base imponible.

5. Deducción del Ministerio del Interior

Para los trabajadores autónomos que utilizan parte de su vivienda exclusivamente para su negocio, la deducción por oficina en casa te permite deducir los gastos relacionados con esa parte de tu vivienda. Esto puede incluir un porcentaje de los servicios públicos, el seguro e incluso la amortización. Sin embargo, es imprescindible cumplir unos requisitos específicos del IRS para poder calificar para esta deducción.

6. Créditos por eficiencia energética

Hacer mejoras de eficiencia energética en tu casa puede darte derecho a créditos fiscales. Por ejemplo, instalar paneles solares o ventanas energéticamente eficientes puede proporcionar créditos que reduzcan directamente tu factura fiscal. Estos incentivos no sólo te ahorran dinero en impuestos, sino que también reducen tus facturas de energía.

Una anécdota rápida

Consideremos el caso de Jane, una propietaria primeriza que compró su casa con una hipoteca de $300.000 a una tasa de interés del 4%. En su primer año, pagó aproximadamente $11.900 en intereses hipotecarios. Al detallar sus deducciones, pudo deducir esta cantidad, reduciendo su renta imponible y ahorrándose una suma importante en sus impuestos. Además, dedujo $5.000 en impuestos sobre la propiedad, lo que aumentó aún más su ahorro fiscal.

Puntos clave que debes recordar:

- **Detalla las deducciones:** Para beneficiarte de estas ventajas, debes detallar tus deducciones en lugar de aplicar la deducción estándar.
- **Lleva un registro:** Lleva un registro exhaustivo de todos los pagos de intereses hipotecarios, impuestos sobre la propiedad y gastos admisibles a lo largo del año.
- **Consulta a un profesional:** Las leyes fiscales pueden ser complejas y estar sujetas a cambios. Consultar con un profesional tributario puede ayudarte a maximizar tus beneficios.

En conclusión, ser propietario de una vivienda ofrece varias ventajas fiscales que pueden suponer un ahorro sustancial. Si comprendes y aprovechas estas ventajas, puedes hacer de tu casa una inversión aún más valiosa.

Asegura tus bienes: Protege tu inversión

El seguro de vivienda no es negociable al comprar una casa, pero asegurar tus bienes es mucho más que una simple cobertura contra incendios y robos. Esto a menudo se denomina Seguro de riesgo.

Tipos de cobertura

- **Seguro básico de vivienda**: Cubre los daños por incendio, robo y determinadas catástrofes naturales.
- **Seguro de inundación**: ¿Por qué puede necesitar una casa un seguro de inundación? Si la FEMA designa tu casa en una zona de alto riesgo de inundación (al menos **un 1% de probabilidad anual de inundación**, lo que se conoce como "zona de inundación de 100 años"), suele exigirse un seguro de inundación con una hipoteca respaldada por el gobierno federal. El seguro de hogar estándar no cubre los daños por inundación, e incluso las viviendas situadas fuera de estas zonas pueden inundarse. Este tipo de seguro no es automático, así que si estás en una zona inundable o simplemente quieres un seguro contra inundaciones para mayor tranquilidad, pregunta a tu agente de seguros al respecto.
- **Seguro de título**: Protección contra pérdidas económicas por defectos en el título de propiedad. (hablaremos más sobre este tema más adelante)

Asegúrate de buscar una compañía de seguros para el hogar confiable y reputada, con tarifas justas, y de saber exactamente qué está cubierto (y qué no).

Las 10 preguntas más importantes a realizar al contratar un seguro para propietarios

1. **¿Qué cubre la póliza?** Comprende los aspectos básicos de tu póliza, incluida la protección de la estructura de la vivienda, los efectos personales, la responsabilidad civil y los gastos de manutención adicionales. ¿Necesitas cláusulas adicionales para objetos de valor concretos?

2. **¿Qué no cubre la póliza?** Pregunta por exclusiones como inundaciones, terremotos o daños específicos por desgaste, y considera la posibilidad de una cobertura adicional si fuera necesaria.
3. **¿Cuánta cobertura necesito?** Asegúrate de que la póliza cubra el costo total de reconstrucción de tu casa, no sólo su valor de mercado, y protege adecuadamente tus pertenencias.
4. **¿Cuál es el deducible?** Averigua cuánto pagarás de tu bolsillo antes de que el seguro cubra un reclamo y si se aplican diferentes deducibles a sucesos concretos (por ejemplo, daños por viento o granizo). Pide un presupuesto con deducibles más altos o más bajos para comparar tarifas y luego decide qué es lo mejor para ti en función de tu tolerancia al riesgo.
5. **¿Hay descuentos disponibles?** Infórmate sobre los descuentos por instalar sistemas de seguridad, agrupar pólizas de seguro, no tener siniestros, tener un crédito excelente o hacer mejoras específicas en la vivienda.
6. **¿Cómo es el proceso de reclamos?** Infórmate sobre cómo presentar un reclamo, cuánto tardan en resolverse y si la empresa tiene una buena reputación de servicio al cliente.
7. **¿La póliza cubre el costo de reposición o el valor real en efectivo?** El costo de reposición reembolsa los artículos nuevos, mientras que el valor real tiene en cuenta la depreciación, por lo que los pagos son mucho menores.
8. **¿Cómo se cubren las catástrofes naturales?** Pregunta por la cobertura específica para riesgos habituales en tu zona, como huracanes, tornados, inundaciones, incendios forestales o terremotos, y si son necesarias pólizas adicionales.
9. **¿Hay límites de cobertura para objetos de gran valor?** Determina si necesitas protección adicional para pertenencias costosas, como joyas, obras de arte, antigüedades o aparatos electrónicos, que pueden superar los límites de la póliza.
10. **¿La póliza incluye cobertura de responsabilidad civil?** La cobertura de responsabilidad civil te protege si alguien resulta herido en tu propiedad o si causas daños a otra

persona. Por ejemplo, puede cubrir los gastos médicas si un invitado tropieza en el camino de entrada a tu casa o las reparaciones si tu árbol daña la valla de un vecino. La mayoría de las pólizas incluyen entre 100.000 y 300.000 dólares de cobertura, pero revisa el monto para asegurarte de que sea suficiente para proteger tus bienes. Si es necesario, considera la posibilidad de contratar una póliza de responsabilidad civil adicional. Comprueba el importe de la protección de responsabilidad civil por accidentes o lesiones en tu propiedad y considera si es suficiente.

Puntos clave que debes recordar

Formar el equipo ideal para comprar una casa es uno de los pasos más importantes del proceso. Desde el agente inmobiliario que te muestra los mejores listados hasta el prestamista que te asegura la hipoteca, cada miembro del equipo desempeña un papel vital para que llegues a la meta.

Piensa en tu equipo como en los "Avengers del sector inmobiliario"; todos tienen habilidades diferentes, pero cuando se combinan, te hacen imparable. Así que reúne al equipo de tus sueños, haz las preguntas adecuadas y prepárate para conquistar el proceso de compra de una vivienda.

Si bien ser propietario de una vivienda ofrece diversas ventajas fiscales, es esencial reconocer que las circunstancias individuales pueden influir significativamente en las ventajas que puedas recibir. Factores como el nivel de ingresos, el estado civil y situaciones financieras específicas desempeñan un papel crucial. Por lo tanto, es muy recomendable consultar a un contador público certificado (CPA) o a un profesional tributario calificado para comprender cómo se aplican estas ventajas a tu situación particular. Estos profesionales pueden proporcionarte asesoramiento personalizado, asegurándose de que tomes decisiones informadas que se ajusten a tus objetivos financieros y cumplan con la legislación fiscal vigente.

La compañía de títulos de propiedad es fundamental para garantizar que la compra de tu casa sea legalmente sólida. Realizan una búsqueda exhaustiva del título para verificar el historial de propiedad del inmueble y asegurarse de que no haya embargos, reclamaciones o disputas pendientes que puedan poner en peligro tu propiedad. La empresa del título también emite un seguro del título, que los protege a ti y a tu prestamista de posibles impugnaciones legales a la propiedad del inmueble. En el momento del cierre, coordinan la firma de documentos, intercambian fondos y se aseguran de que la transacción finalice sin problemas. **En el Capítulo titulado: "El cierre: Cómo concretar la compra de tu casa",** obtendrás más información sobre el papel de la compañía de títulos y el abogado de cierre.

El trabajo en equipo pone el sueño en marcha: Tus socios en la compra de vivienda

Cuando Emma y Liam decidieron comprar su primera casa, se sentían como exploradores aventurándose en territorio desconocido. La emoción era evidente, pero también lo era su incertidumbre. Rápidamente se dieron cuenta de que, al igual que reunir a un equipo de élite para una película de atracos (sin el crimen), comprar una casa requiere un grupo de expertos que te guíen a lo largo del proceso.

Perspectivas clave de los expertos

Gaylene Rogers Lonergan
Abogada especializada en bienes raíces y títulos de propiedad

Dado que los compradores de viviendas suelen ser novatos en el proceso de compra, a menudo se encuentran a merced de los profesionales que manejan sus cierres y ventas Esto significa que deben confiar en los corredores de hipotecas, agentes de bienes raíces, agentes de títulos y vendedores (que ya han pasado antes por este proceso). A menudo, muchos tienen la sensación de que nadie vela por sus intereses particulares. Por eso, como abogada especializada en bienes inmobiliarios y títulos de propiedad que lleva más de 40 años en el ejercicio de la profesión, he recopilado una lista de cuestiones que los compradores primerizos deben tener en cuenta y asegurarse de que se gestionen correctamente.

En primer lugar, asegúrate de entender todo lo que cubre el contrato de compra. Mi mejor consejo es que contrates a un abogado para que revise todo en tu nombre y te explique a qué te estás obligando antes de firmar el contrato. Este costo no debería ser superior a 500 dólares o menos. No des por sentado que el agente inmobiliario, el corredor hipotecario o el agente de títulos se ocuparán de esto por ti. Una vez firmado el contrato, ya será demasiado tarde. Esto es especialmente cierto en los contratos de obra nueva con un constructor. Estos contratos pueden ser bastante extensos, y las condiciones pueden no favorecer al comprador. Ten en cuenta que, con los grandes constructores, sus contratos estándar no suelen ser negociables. Sin embargo, algunos aspectos e incentivos pueden ser discutibles. Es fundamental que entiendas perfectamente lo que estás aceptando antes de firmar.

En segundo lugar, una vez firmado el contrato y depositado en la cuenta de depósito en garantía de la compañía de títulos, hay una serie de elementos que deben ser proporcionados/revisados antes del cierre. Entre ellos se incluyen:

1. **Compromiso de título**: es el informe sobre el estado actual del título de propiedad elaborado por un examinador de títulos profesional. Este informe muestra lo que afecta actualmente a la propiedad y lo que debe resolverse para que el comprador reciba un título claro y aceptable de la propiedad. Si no entiendes algo de lo que contiene el compromiso de título, habla con una parte independiente para que lo revise contigo y así asegurarte de que no haya sorpresas.
2. **Estudio topográfico**: un estudio topográfico es un plano de la propiedad que contiene todas las mejoras, servidumbres, límites, etc., que afectan a la propiedad. Puede haber invasiones de mejoras sobre las líneas de servidumbre, líneas de retroceso o líneas de límite que deben abordarse antes del cierre. Es aceptable que el vendedor facilite un estudio topográfico existente, siempre que la compañía aseguradora lo acepte a efectos del seguro y el vendedor presente una declaración jurada en la que afirme que NO HAN HABIDO CAMBIOS desde que se realizó y se certificó el plano. También recomiendo pagar la pequeña prima requerida para que la compañía de títulos asegure la precisión del plano en la póliza de título.
3. **Documentos de la Asociación de Propietarios:** La mayoría de las nuevas subdivisiones que se construyan estarán sujetas a restricciones y otros asuntos regidos por una asociación de propietarios. Consigue siempre que te proporcionen estos documentos ANTES del cierre para revisarlos. Estos documentos incluyen una Declaración de Restricciones, Convenios y Servidumbres, así como un Certificado de Reventa emitido por la Asociación de Propietarios. La Declaración debe revisarse para que sepas exactamente qué restricciones existen sobre los usos de tu propiedad, es decir, naturaleza de las mejoras, color, paisajismo, etc. El Certificado de Reventa te dirá si hay alguna infracción actual de las Restricciones o los Estatutos de la Asociación y a cuánto ascenderán las cuotas y otros gastos para el comprador.

4. **Impuestos** - La compañía de títulos exige un certificado de impuestos para el cierre. Este documento muestra el estado actual del pago de los impuestos sobre la propiedad y qué exenciones existen actualmente. Es esencial que el nuevo comprador sepa cuáles son los impuestos, qué exenciones afectan a la propiedad y cuáles podrían ser los impuestos futuros. Hay varias cuestiones relacionadas con los impuestos:
    a. Comprar una propiedad a un vendedor mayor de 65 años: el vendedor mayor de 65 años puede tener una exención a la que el nuevo comprador no tendrá derecho, lo que puede modificar el total de impuestos a pagar los años siguientes y los pagos en custodia que puede exigir el nuevo préstamo hipotecario.
    b. Comprar una propiedad a los herederos de un propietario fallecido mayor de 65 años: la exención para mayores de 65 años desaparece el día en que fallece el propietario fallecido. Ya no hay derecho a esa reducción fiscal; sin embargo, la Agencia Tributaria no tiene forma de saber que un propietario ha fallecido hasta que se inscribe un documento en los registros de la propiedad inmobiliaria o en los registros judiciales, es decir, la legalización de un testamento, una declaración jurada de heredero, etc. Una vez registrados estos documentos, la Agencia Tributaria volverá a calcular los impuestos correspondientes al período de tiempo transcurrido desde la muerte del propietario fallecido. Y esta reevaluación no está cubierta por la póliza del título emitida al comprador por la empresa del título en el momento del cierre.
    c. Comprar una propiedad de nueva construcción a un constructor: el valor de tasación fiscal del año anterior (anterior a la construcción), será significativamente inferior al valor de tasación de la propiedad una vez construidas las mejoras.
    d. Comprar una propiedad de nueva construcción que forma parte de un terreno no urbanizado anteriormente: en este caso puede entrar en juego la

cuestión de los "impuestos retroactivos", y el comprador podría acabar debiendo los impuestos del año anterior basándose en una exención anterior.

5. **Prorrateos**: el contrato estipulará que los impuestos se prorrateen entre las partes, es decir, el vendedor deberá hacerse cargo de la parte del año en que la vivienda fue de su propiedad, y el comprador deberá hacerse cargo de la parte del año posterior al cierre. La compañía de títulos calcula estos prorrateos al momento del cierre; sin embargo, las cuestiones planteadas en el punto 4 anterior también pueden entrar en juego con los prorrateos. Es posible que no todos los agentes de depósito en garantía conozcan estas cuestiones, y la posibilidad de que se produzcan errores en los prorrateos (en perjuicio del comprador) puede ser elevada en algunos casos.
6. **Después del cierre**: como comprador, asegúrate de recibir la póliza original de seguro del título de propiedad de la compañía de títulos. Debería llegarte por correo a más tardar entre seis y ocho semanas después del cierre. Es tu póliza de seguro sobre el estado del título de propiedad. Esta es tu póliza de seguro sobre el estado del título de la propiedad. Debe guardarse en tus registros sobre la propiedad para que puedas acceder a ella si surge algún problema relacionado con el título. Si no la recibes, mantente en contacto con tu oficina de cierre de títulos hasta que te la entreguen.
7. **Elige cuidadosamente a tu agente de cierre:** Como agente de cierre, he gestionado miles de transacciones de todo tipo y puedo decirte que las empresas de títulos y los agentes varían mucho en cuanto a su experiencia y enfoque. Algunos están optimizados para ser eficientes, centrándose únicamente en transacciones estándar y sencillas, y a menudo carecen de la flexibilidad para manejar situaciones especiales. Otros se especializan en una amplia gama de operaciones, incluidos préstamos para inversores, préstamos de dinero duro y financiación creativa. Es esencial elegir un equipo con la experiencia adecuada, sobre todo si tu operación requiere soluciones fuera de lo común. Asegúrate de que los profesionales con los que tratas comprenden tu operación y los diversos problemas que puedan surgir.

Mi último consejo: si no entiendes algo a lo largo de todo el proceso, no dudes en hacer preguntas y, si puedes permitírtelo, busca el asesoramiento profesional de un abogado que pueda representarte en todas estas cuestiones.

Gaylene Rogers Lonergan
Lonergan Law Firm PLLC
Dallas, Texas

Armoniza tu búsqueda de vivienda: El papel del agente inmobiliario como director de orquesta

Hemos cubierto muchos temas en este libro hasta ahora. ¿Te sientes un poco abrumado? ¡No te preocupes! No necesitas ser un experto en todo. El objetivo es que ahora tengas una base sólida y muchas ideas para hacer las preguntas correctas. ¡Buenas noticias! En el proceso de compra de una vivienda, un agente inmobiliario actúa como el director de una orquesta, armonizando diversos elementos para crear una experiencia sin fisuras. Coordinan con prestamistas, inspectores, tasadores y otros profesionales, asegurando que cada componente se alinee perfectamente. Al gestionar estas relaciones y supervisar los detalles intrincados, los agentes guían a los compradores de manera fluida desde la búsqueda inicial hasta el cierre final, haciendo que el complejo viaje de comprar una casa sea más manejable y eficiente.

Imagina que asistes a una sinfonía sin director. Los músicos, aunque con talento, podrían tocar desincronizados, creando una cacofonía en lugar de una hermosa armonía. En el proceso de compra de una vivienda, tu agente inmobiliario actúa como director de orquesta, orquestando cada elemento, desde las negociaciones hasta las inspecciones, para garantizar una experiencia fluida y armoniosa.

Un agente inmobiliario profesional no es sólo alguien que abre puertas para las visitas; es el director de una sinfonía bien orquestada, que se asegura de que cada nota de tu viaje de compra de vivienda tenga el tono adecuado. A menudo han pasado años cultivando relaciones con prestamistas hipotecarios, inspectores de viviendas, tasadores y empresas de títulos. Su red no es sólo una lista de nombres; es una lista seleccionada de profesionales de confianza que han demostrado su valía una y otra vez.

Por ejemplo, el prestamista hipotecario que puede desmitificar el laberinto de opciones de préstamo, guiándote hacia la que mejor se adapte a tu situación financiera. O el inspector de viviendas que no se limita a echar un vistazo al tejado, sino que sabe verificar ese peculiar espacio en el ático donde las ardillas podrían estar organizando su juerga anual. Y no olvidemos a la empresa de títulos que se asegura de que el historial de la propiedad esté limpio, para que no heredes ningún "huésped" inesperado en forma de gravámenes o litigios.

Al trabajar con el equipo de ensueño de un agente inmobiliario experimentado, no sólo ahorras tiempo, sino que evitas costosos errores y te aseguras un proceso más fluido. Piensa en ello como si sintonizaras una hermosa sinfonía, en la que el experto se ocupa de cada detalle, permitiéndote centrarte en disfrutar del proceso. Cuando tu agente inmobiliario te diga: "Tengo a alguien para eso", confía en que estás en manos de un hábil director, orquestando una experiencia de compra de vivienda pacífica y armoniosa.

"Cuando intentas comprar una casa sin la ayuda de un agente inmobiliario, ¡debes saber que estarás en desventaja!"

Hiwot Melaku, Agente inmobiliario/Corredor

La historia de dos compradores de vivienda: una guía para elegir el equipo inmobiliario adecuado

El éxito de Emma con una agente inmobiliaria experta

Emma, una compradora por primera vez, contrató a Susan, una agente inmobiliaria experimentada. Susan guio a Emma en cada paso, desde la aprobación previa hasta el cierre. Le presentó a profesionales de confianza, como un agente hipotecario y un inspector, y la ayudó a negociar las reparaciones, con lo que Emma se ahorró miles de dólares. Con la experiencia de Susan, Emma cerró la operación sin problemas y se mudó a la casa de sus sueños sin inconvenientes.

Las luchas de Jake con un agente desatento

Jake contrató a Tom, un agente sin experiencia, y se enfrentó a numerosos desafíos. Tom no enfatizó la importancia de la preaprobación, lo que causó que Jake perdiera su primera oferta. Goerge, el inspector de viviendas que contrató Jake porque era el más barato, pasó por alto importantes problemas estructurales, lo que provocó costosas reparaciones. La mala negociación y la mala gestión durante el cierre dejaron a Jake estresado y lamentando su elección de agente.

Puntos clave que debes recordar

1. **Elige sabiamente**: Un agente calificado y experimentado puede ahorrarte tiempo, dinero y estrés.
2. **Valora la red:** Los agentes con conexiones confiables aportan un valor inmenso.
3. **Comunícate eficazmente:** La comunicación clara y proactiva con tu agente garantiza transacciones más fluidas.
4. **Mantente involucrado:** Mientras tu equipo te orienta, mantenerte implicado te asegura que tus necesidades se vean satisfechas.

Errores comunes que debes evitar

- **Saltarse la preaprobación**: Sin ella, te arriesgas a perder la casa de tus sueños.
- **Conformarse con el agente equivocado**: Al trabajar con el equipo calificado de un agente inmobiliario experimentado, estarás evitando errores costosos y te asegurarás un proceso más fluido y sin problemas. Un gran agente escucha tus necesidades, se comunica con claridad y te guía con confianza. Si te sientes presionado o el proceso te parece caótico, puede ser una señal de que no sea el agente adecuado. El agente adecuado se asegurará de que tu experiencia de compra de vivienda sea perfecta.
- **Elegir al inspector más barato**: Investiga siempre a los inspectores y lee atentamente todos los documentos. Recuerda que ahorrar unos pocos dólares ahora en los costos de inspección podría costarte miles de dólares en el futuro.

Al rodearte de profesionales experimentados, puedes evitar errores costosos y transitar por el proceso de compra de vivienda con confianza, al igual que lo hizo Emma. A continuación, profundizaremos acerca de cómo reunir al equipo adecuado para la compra de tu hogar.

Conclusiones clave del capítulo 9

- **Tu agente inmobiliario como el director**: Un agente inmobiliario calificado es una pieza clave en tu proceso de compra de vivienda, ya que coordina con prestamistas, inspectores, tasadores y compañías de títulos para garantizar un proceso fluido.
- **Elige el equipo adecuado**: Rodearte de profesionales experimentados, como un agente inmobiliario de confianza, un prestamista o agente hipotecario, una empresa de títulos, un inspector de viviendas calificado, etc., puede ayudarte a evitar errores costosos.
- **Involúcrate:** Mientras tu equipo se encarga del trabajo pesado, mantenerte informado y hacer preguntas garantiza que se satisfagan tus necesidades.
- **Evita errores comunes**: Saltarse la aprobación previa, elegir a los profesionales equivocados y no comunicarse eficazmente pueden provocar estrés y pérdidas económicas innecesarias.

Resumen: Comprar una casa es un trabajo de equipo, y reunir al "dream team" adecuado es esencial para una experiencia satisfactoria y sin estrés. Tu agente inmobiliario actúa como director de orquesta, orquestando a los distintos actores -incluidos prestamistas, inspectores y empresas de títulos- para crear un proceso sin fisuras. Cada miembro del equipo desempeña un papel crucial para ayudarte a evitar trampas, ahorrar dinero y garantizar que tu proceso de compra de vivienda sea lo más fluido posible. Al trabajar con profesionales experimentados, negociar acuerdos claros y mantenerte involucrado, podrás recorrer con confianza el camino hacia la propiedad de una vivienda. Con el equipo adecuado, no sólo comprarás una casa, sino que crearás una experiencia armoniosa que te conducirá a la casa de tus sueños.

En el capítulo siguiente, exploraremos los "Errores de novato".

Capítulo 10

Errores de novatos: Lo que deben tener en cuenta los compradores de vivienda por primera vez

Comprar tu primera casa es una aventura emocionante, pero también es un proceso complejo en el que los errores pueden salir caros. La buena noticia, es que aprendiendo de las experiencias de los demás, puedes evitar los errores más comunes que podrían hacer descarrilar tu viaje. En este capítulo no se trata de repetir todo lo que ya has leído, sino dc centrarse en los errores más graves que cometen los compradores primerizos y en cómo evitarlos, lo que puede ahorrarte miles de dólares, reducir el estrés y brindarte tranquilidad en tu camino hacia la propiedad de una vivienda.

1. No obtener la preaprobación de la hipoteca

- **Por qué es un error de novato**: No conseguir la preaprobación de una hipoteca significa que estás comprando a ciegas. Podrías enamorarte de una casa que no puedes permitirte o perder oportunidades en un mercado competitivo.
- **Las consecuencias**: Sin la aprobación previa, los vendedores pueden no tomarse en serio tu oferta, y te arriesgas a retrasos cuando aparezca la casa perfecta.
- **Cómo evitarlo**:
    - Empieza temprano, aunque aún no estés preparado para comprar.
    - Trabaja con un prestamista de confianza para crear un plan SMART (Específico, Mensurable, Alcanzable,

Relevante, Limitado en el tiempo) adaptado a tu situación financiera.

2. Comprar una casa con demasiadas mejoras

- **Por qué es un error de novato**: Una casa excesivamente mejorada puede parecer de ensueño, pero sus lujosas mejoras podrían dificultar su venta posterior. Si el valor de la casa supera el promedio del barrio, es posible que los futuros compradores no paguen por esas características de alta gama.

- **Las consecuencias**: Podrías pagar de más por una propiedad y tener dificultades para recuperar tu inversión cuando llegue el momento de venderla.
- **Cómo evitarlo**:
  - Concéntrate en la ubicación más que en el lujo: se pueden añadir mejoras, pero el barrio es permanente.
  - Compara las características de la casa con las otras casas de la zona.
  - Piensa a largo plazo: prioriza las mejoras que añadan valor, como un tejado nuevo o un sistema de climatización actualizado, frente a las actualizaciones puramente estéticas.

3. No contratar profesionales

- **Por qué es un error de novato**: Algunos compradores creen que pueden encargarse del proceso por su cuenta para ahorrar dinero, pero las transacciones inmobiliarias entrañan complejidades que es fácil pasar por alto.

- **Las consecuencias**: Sin orientación profesional, puedes pasar por alto señales de alarma durante las inspecciones, pagar de más o quedarte atrapado en un contrato que no te favorece.
- **Cómo evitarlo**:
  - **Contrata a un agente inmobiliario**: Tu agente orquestará todo el proceso, desde la negociación de las ofertas hasta la coordinación de las inspecciones. Elige uno con gran experiencia local.
  - **Trabaja con un inspector de viviendas**: Un buen inspector identifica posibles problemas que podrían costarte caro en el futuro.
  - **Selecciona un prestamista de confianza**: Tu prestamista asegura la financiación y te ayuda a evaluar las opciones hipotecarias.

Visión profesional: Aunque parezca costoso, saltarse las inspecciones o el asesoramiento de expertos podría costarte mucho más a largo plazo.

4. No hacer preguntas

- **Por qué es un error de novato**: Los compradores primerizos a menudo sienten vergüenza de hacer preguntas, pero permanecer en silencio puede dar lugar a malentendidos y oportunidades perdidas.
- **Las consecuencias**: Podrían pasarse por alto detalles críticos sobre la propiedad o el proceso, dejándote desprevenido ante posibles desafíos.
- **Cómo evitarlo**:
  - **Sé curioso**: Pregunta por los sistemas de la casa (antigüedad del tejado, estado de la calefacción, ventilación y aire acondicionado, reparaciones anteriores), el barrio y el proceso de compra.

    - **Anota las preguntas**: Lleva una lista para que no se te olvide nada durante las visitas o reuniones.
    - **Involúcrate en el proceso**: Tu agente, tu prestamista y tu inspector están ahí para ayudarte: ¡aprovecha su experiencia!

5. Exceder tu presupuesto

- **Por qué es un error de novato**: Que te aprueben un préstamo grande no significa que debas gastar la cantidad máxima.
- **Las consecuencias**: Estirar tus finanzas puede provocar estrés y sacrificios en otras áreas de tu vida.
- **Cómo evitarlo**:
    - Fija un presupuesto realista basado en tu estilo de vida y tus objetivos futuros.
    - Considera los sacrificios: ¿La compra de esta casa implicará sacrificar las vacaciones o las salidas a cenar? Asegúrate de que el sacrificio valga la pena.

6. Omitir la inspección de la vivienda

- **Por qué es un error de novato**: En los mercados competitivos, algunos compradores renuncian a las inspecciones para que su oferta sea más atractiva, pero esto es arriesgado.
- **Las consecuencias**: Saltarse una inspección podría dejarte con reparaciones inesperadas y costosas después del cierre.
- **Cómo evitarlo**:
    - **Nunca la omitas completamente**: Conserva siempre el derecho a una inspección.
    - **Limita las solicitudes de reparación**: Ofrece limitar las solicitudes a los problemas importantes para seguir siendo competitivo.

- **Considera una inspección previa**: Programa una inspección antes de hacer tu oferta para evitar imprevistos.
- **Solicita inspecciones "sólo informativas"**: Realiza una inspección para tu conocimiento sin renegociar el trato.
- **Revisa los informes del vendedor**: Si están disponibles, pide el informe de inspección del vendedor y haz que lo revise tu inspector.

Una inspección profesional es un costo pequeño comparado con el gasto potencial de reparaciones importantes. Mantente informado y protege tu inversión.

7. Ignorar el valor de reventa

- **Por qué es un error de novato**: Es fácil enamorarse de una casa peculiar, pero ten en cuenta que las características que te atraen a ti pueden no atraer a futuros compradores.
- **Las consecuencias**: Es posible que tengas que hacer frente a gastos adicionales para hacer que la casa sea vendible cuando llegue el momento de venderla.
- **Cómo evitarlo**: Da prioridad a las características más atractivas, como una buena ubicación, una distribución funcional y mejoras prácticas.

8. Subestimar los costos de cierre

- **Por qué es un error de novato**: Muchos compradores se centran en el pago inicial y se olvidan de los gastos de cierre, que suelen oscilar entre el 2% y el 5% del precio de compra.
- **Las consecuencias**: No tener en cuenta estos gastos puede provocar tensiones financieras en el momento del cierre.
- **Cómo evitarlo**: Presupuesta los gastos de cierre con antelación y solicita un presupuesto detallado a tu prestamista y a la compañía de títulos.

9. Olvidarse de los costes de mantenimiento

- **Por qué es un error de novato**: La propiedad de una vivienda no termina con la compra, sino que incluye el mantenimiento y las reparaciones.
- **Las consecuencias**: Los gastos inesperados pueden afectar tu presupuesto.
- **Cómo evitarlo**: Reserva anualmente entre el 1% y el 2% del valor de la vivienda para mantenimiento.

10. Dejarse dominar por las emociones

- **Por qué es un error de novato**: Enamorarte de una casa puede nublar tu juicio y llevarte a tomar malas decisiones financieras.
- **Las consecuencias**: Podrías pagar de más o pasar por alto defectos críticos.
- **Cómo evitarlo**: Equilibra las emociones con la lógica. Asegúrate de que la vivienda se ajuste a tu presupuesto y a tus objetivos a largo plazo.

Dato curioso: Más del 20% de los informes crediticios contienen errores que podrían afectar a tu puntuación. ¡Vale la pena chequear el tuyo!

Conclusiones clave del Capítulo 10

Evitar los errores de novato puede ahorrarte dinero, reducir el estrés y ayudarte a comprar una casa con confianza. Esto es lo que debes recordar:

1. **Consigue la preaprobación**: Empieza con un plan financiero SMART y una preaprobación para prepararte para el éxito.
2. **Contrata a profesionales**: Rodéate de un equipo de confianza que te guíe en el proceso.
3. **Haz preguntas**: Mantente curioso y proactivo para evitar sorpresas.
4. **Ajústate a tu presupuesto**: Compra dentro de tus posibilidades para mantener la estabilidad financiera.
5. **Piensa a largo plazo**: Elige una vivienda que satisfaga tus necesidades actuales y tus objetivos futuros.

Resumen: Con la preparación y la mentalidad adecuadas, evitarás costosos errores y disfrutarás del proceso hacia la propiedad de la vivienda. Cuando por fin cruces la puerta de tu primera casa, ¡sabrás que todo ha valido la pena!

Una vez sentadas estas bases, estamos listos para explorar el cierre de tu nueva casa y lo que eso implica.

"ES TANGIBLE, ES SÓLIDO, ES HERMOSO. ES ARTÍSTICO, DESDE MI PUNTO DE VISTA, Y ME ENCANTAN LOS BIENES RAÍCES."
- DONALD TRUMP
Hogar Dulce Hogar

Capítulo 11

El cierre: Cómo concretar la compra de tu casa

¡Lo has conseguido! Después de buscar casas, conseguir financiación y negociar las condiciones, puedes hacerlo oficial y cerrar la compra de tu casa con un gran y bonito lazo. Este paso suele denominarse **cierre**. Aquí es donde finalizas la compra y, por fin, recibes las llaves de tu nueva casa. Aunque el día del cierre es emocionante, también puede parecer abrumador. Un poco de preparación te ayudará a que todo transcurra sin problemas.

Seguro de título y honorarios de la compañía de títulos

Seguro de título: El seguro de título los protege a ti y a tu prestamista frente a posibles disputas o defectos en el título de propiedad. Garantiza que no sufrirás pérdidas económicas por problemas de propiedad, embargos o reclamaciones anteriores.

Honorarios de la compañía de títulos: Estos honorarios cubren servicios como la realización de una búsqueda de títulos, la liberación de gravámenes, la transferencia del dinero que financia las transacciones y la gestión del papeleo necesario para una transacción sin problemas. Los costos comunes incluyen honorarios de liquidación, honorarios de preparación de documentos, honorarios de registro legal y honorarios de búsqueda de título, todos esenciales para finalizar tu compra de vivienda de manera segura.

¿Qué es una compañía de títulos o un abogado de cierre y cuál es su función?

Una compañía de títulos o un abogado de cierre se encargan de que los aspectos legales y financieros de la compra de tu casa se completen con precisión y eficacia. Sus principales responsabilidades son:

- Verificar que el título de propiedad está libre de gravámenes o litigios y puede ser transferido legalmente.
- Gestionar el proceso de cierre, preparando y revisando documentos, facilitando la firma del papeleo final y distribuyendo los fondos a las partes adecuadas.

Diferencias regionales:

- En estados como Texas y California, las compañías de títulos se encargan de la mayoría de las tareas de cierre.
- En estados como Georgia o Carolina del Sur, se requiere un abogado de cierre para supervisar la transacción. (Consulta a los expertos locales para conocer las prácticas habituales en tu zona)

Sea cual sea el enfoque, su objetivo último es proteger tus derechos de propiedad y garantizar que la transacción sea legalmente vinculante. Para evitar sorpresas, pregunta a tu agente inmobiliario sobre las prácticas locales, para saber a qué atenerte.

El seguro de título: Una red de seguridad para el pasado y el futuro

Piensa en el seguro de título como en una máquina del tiempo: te protege de problemas arraigados en el pasado de la propiedad, permitiéndote disfrutar de un futuro seguro. Las leyes y normas inmobiliarias varían y evolucionan, así que consulta siempre a los expertos locales para obtener la orientación más actualizada.

¿Quién paga a la compañía de títulos o al abogado de cierre?

El costo de una empresa de títulos o de un abogado de cierre suele negociarse entre el comprador y el vendedor, y a menudo varía según el lugar. En algunas zonas, se espera que el **comprador** corra con los gastos; en otras, es el **vendedor** quien paga o, a veces, los costos se dividen entre ambas partes. Por ejemplo, en Texas, los vendedores suelen pagar la póliza del título. Es esencial aclarar quién paga qué durante las negociaciones y revisar el contrato de compraventa para entender quién es responsable. Consulta siempre a tu agente inmobiliario o abogado para que te oriente basado en las costumbres locales.

¿Quién elige a la compañía de títulos o al abogado de cierre?

La elección de una compañía de títulos o de un abogado de cierre suele depender de las costumbres locales y de la negociación entre el comprador y el vendedor. En algunas zonas, el comprador elige la compañía de títulos, mientras que en otras es el vendedor quien elige, ya que corre con los gastos de la póliza de seguro del título. En casi todos los casos, la elección de la empresa de títulos es negociable entre las partes. A menudo, la decisión está muy influida por una recomendación del agente inmobiliario, que puede sugerir una empresa de títulos de confianza para garantizar una transacción sin problemas. Independientemente de quién la elija, ambas partes deben asegurarse de que la empresa o el abogado elegidos tengan buena reputación, experiencia y estén familiarizados con las leyes locales.

Qué esperar en el cierre

El cierre es el proceso por el que el vendedor te transfiere la propiedad. **Es el momento en que te conviertes oficialmente en propietario.** Y SÍ, ¡puedes saltar de alegría!

¿Cuánto tarda el cierre?

- En el caso de las viviendas de segunda mano o de las nuevas construcciones terminadas, el cierre suele producirse entre 30 y 45 días después de que se acepte tu oferta (lo que significa que tienes tu futura casa bajo contrato), aunque este plazo puede variar según las circunstancias. Si estás construyendo una casa con un constructor, pregúntale por su fecha estimada de cierre, pero recuerda que construir una casa nueva no es una ciencia exacta. Con una casa nueva que acaba de ser construida o que aún está en construcción, es normal que la fecha de cierre se mueva para antes o después de lo previsto.

- Pueden producirse retrasos debido a la aprobación del préstamo, problemas de tasación, obras, reparaciones o muchos otros factores. Así que, para evitar el caos, la mejor práctica es NO programar los camiones de mudanza hasta después del cierre.

Trabaja con una compañía de títulos: Consejos clave y chequeos obligatorios

- **Verifica el historial de propiedad:** Asegúrate de que la compañía de títulos realice una búsqueda exhaustiva de títulos para confirmar que no hayan embargos, disputas o problemas de propiedad que puedan afectar tu compra.
- **Revisa el compromiso de título:** Lee atentamente el documento de compromiso del título para comprender las excepciones, exclusiones o cuestiones no resueltas del título.
- **Comprende el seguro del título:** Confirma el tipo de seguro de título que estás adquiriendo y lo que cubre -tanto la póliza del prestamista como la del propietario- y asegúrate de estar adecuadamente protegido. Sí, ¡querrás tener ambas pólizas, tanto la del prestamista como la del propietario!
- **Comprueba la descripción legal:** Asegúrate de que la descripción legal de la propiedad coincida con lo que vas a comprar, sobre todo si la propiedad incluye terrenos o varias parcelas.
- **Solicita actualizaciones oportunas:** Mantente en contacto con la compañía de títulos durante todo el proceso para asegurarte de que no hayan retrasos ni problemas sin resolver antes del día del cierre.

- **Entender las cuotas y normas de la HOA:** Si la propiedad pertenece a una Asociación de Propietarios (HOA), la compañía de títulos suele proporcionar un paquete informativo. Revísalo para conocer las normas, cuotas y restricciones.
- **Revisa tu declaración de cierre:** Compara la declaración final de cierre de la empresa de títulos con el presupuesto del préstamo para asegurarte de que todos los costos coincidan con lo prometido por el prestamista.

Estas ideas te ayudarán a transitar el proceso junto a la compañía de títulos con confianza y a evitar contratiempos inesperados durante tu viaje de compra de vivienda.

Preparativos para el cierre: Lista de verificación previa al cierre

Preparar todo antes del día del cierre es esencial. Esto es lo que deberás hacer:

1. Revisa la divulgación de cierre

- Normalmente debes recibir una **Divulgación de Cierre** al menos tres días antes del cierre. En ella se describen las condiciones finales del préstamo, los pagos mensuales y los costos de cierre.
- Compárala con tu estimación inicial del préstamo para verificar si hay cambios inesperados.
- Todo esto es muy sensible al tiempo, así que, si es posible, revísalo y haz cualquier pregunta el mismo día que lo recibas.

2. Realiza un recorrido final

- La inspección final de tu nueva casa suele tener lugar dentro de las 24 horas previas al cierre.
- Asegúrate de que la vivienda esté en las mismas condiciones que las acordadas y de que se hayan realizado las reparaciones prometidas.

- Si encuentras algún problema, informa inmediatamente a tu agente inmobiliario.

3. Reúne los documentos necesarios

- **Lleva un documento de identidad expedido por el gobierno**, tu divulgación de cierre, una prueba del seguro de la vivienda y cualquier otro documento que solicite tu prestamista.
- Ten un **cheque certificado** o haz una **transferencia bancaria** para los gastos de cierre y el pago inicial.
    - **Cuidado con el fraude electrónico: Protege tus fondos:** El fraude electrónico es un grave riesgo en las transacciones inmobiliarias. Comprueba siempre las instrucciones de la transferencia llamando directamente a la empresa de títulos o al abogado encargado del cierre utilizando un número de teléfono verificado, no uno de un correo electrónico. Nunca envíes fondos sin confirmar los detalles para evitar ser víctima de los estafadores.

¿Qué son los gastos de cierre?

Los gastos de cierre son los honorarios necesarios para completar la compra. Suelen oscilar **entre el 2% y el 5% del precio de compra** (sin incluir los honorarios del agente inmobiliario).

Costos de cierre habituales

- **Los elementos que sueles pagar antes del cierre suelen incluir:**
    - **Comisión de tasación:** El costo de una tasación profesional para determinar el valor de mercado de la propiedad, exigido por los prestamistas para garantizar que el importe del préstamo es adecuado.
    - **Tasa de inspección de la vivienda:** El gasto de contratar a un inspector de viviendas para que evalúe

el estado de la propiedad e identifique posibles problemas.

- **Elementos que suelen pagarse en la mesa de cierre:**
  - **Comisión de tramitación y creación del préstamo**: Cobrada por el prestamista por tramitar el préstamo.
  - **Tasas del seguro de título y de la compañía de títulos**
  - **Impuestos sobre la propiedad y seguros pagados por adelantado**: A menudo se cobran al cierre y se mantienen en una cuenta de depósito en garantía con el administrador de tu compañía hipotecaria.
  - **HOA:** Si tu casa está en una Asociación de Propietarios, puede que tengas que pagar una transferencia u otras cuotas varias, así como pagos mensuales o trimestrales.
  - **Intereses prepagados**: Cubre los intereses de tu préstamo desde la fecha de cierre hasta final de mes.
  - **Seguro hipotecario**: Si tu pago inicial es inferior al 20%, esta prima inicial puede ser pagadera en el momento del cierre (consulta los detalles con tu prestamista).

Consejo útil: Ten en cuenta que las prácticas pueden variar según la zona, así que ¡pregunta! Solicita siempre a tu prestamista un desglose de los costos de cierre con antelación para evitar sorpresas.

¿Quién estará en la mesa de cierre?

- **Asistentes obligatorios**
  - **Tú**: Esto significa que todos los que compren la vivienda deben firmar. ¡Eres la estrella del espectáculo! Prepárate para firmar muchos documentos.

- **Agente de cierre**: De una compañía de títulos o un abogado que facilita el proceso.

- **Asistentes opcionales**
  - **Tu agente inmobiliario**: Puede guiarte y asegurarse de que todo transcurra sin problemas. Si no asiste, pregúntale si puede estar disponible en caso de que tengas alguna duda.
  - **Representante del prestamista**: Se asegura de que todos los documentos del préstamo estén correctos. (Rara vez asisten en persona, pero normalmente están solo a una llamada telefónica de distancia).

¿Qué documentos firmarás?

Aquí tienes un avance de algunos documentos clave que encontrarás:

- **Pagaré**: Tu promesa por escrito de devolver el préstamo hipotecario.
- **Escritura de fideicomiso o hipoteca**: Otorga al prestamista derechos sobre la propiedad en caso de impago.
- **Escritura:** El documento legal que transfiere la propiedad del vendedor a ti. Aunque tengas la escritura y seas el propietario del inmueble, tu prestamista conserva un derecho de retención sobre la propiedad hasta que el pagaré (a menudo en forma de hipoteca) esté totalmente pagado.Consejo útil: ¡Tómate tu tiempo! Revisa detenidamente cada documento, verifica todas las cantidades y haz preguntas si algo no está claro. Si lo haces después de firmar, será demasiado tarde. Entender y confirmar lo que estás firmando es mejor que precipitarse.

¿Cuándo me dan las llaves?

El momento que estabas esperando, la entrega de las llaves, suele producirse justo después de que finalice el proceso de cierre y se financie la operación. Una vez que todos los documentos están firmados y el prestamista ha transferido los fondos a la parte correspondiente, ya sea la compañía de títulos o el vendedor, la compañía de títulos o el abogado encargado del cierre, darán luz verde para entregar las llaves. En la mayoría de los casos, las recibirás inmediatamente en la mesa de cierre, pero en otros puede tardar unas horas o días. Si el vendedor solicitó un acuerdo de posesión posterior al cierre, es posible que tengas que esperar un poco más. Confirma siempre los plazos con tu agente para evitar sorpresas.

Evita sorpresas de última hora

Para que todo vaya por buen camino, evita los siguientes errores comunes:

- **No hagas grandes cambios financieros**: No solicites nuevos créditos, cambies de trabajo ni hagas grandes compras antes del cierre. Si no puedes evitarlo, háblalo con tu prestamista ANTES de hacer cualquier cambio, ya que no querrás que rechacen tu préstamo y no puedas cerrar la compra de tu casa.
- **Mantente en contacto**: Sé proactivo y mantén una comunicación abierta con tu prestamista, agente inmobiliario y agente de cierre.
- **Confirma la logística**: Comprueba dos veces la hora, la fecha y el lugar del cierre. Confirma también la cantidad necesaria para los gastos de cierre.

Después del cierre:

¡Bienvenido a la propiedad de la vivienda!

Una vez firmados los documentos y transferidos los fondos, ¡recibirás las llaves de tu nuevo hogar! Esto es lo que tienes que hacer a continuación:

1. Cambia las cerraduras: Haz que cambien la llave de las cerraduras para mayor seguridad.

2. Configura los servicios públicos: Ponte en contacto con las empresas de servicios públicos y transfiere las cuentas a tu nombre.

3. Guarda bien los documentos de cierre: Guarda copias de todos los documentos de cierre, tanto digitales como en papel, para futuras consultas, especialmente a efectos fiscales.

Conclusiones clave del Capítulo 11

- **Prepárate para el cierre:** Revisa detenidamente la divulgación de cierre, realiza una visita final y reúne todos los documentos necesarios con antelación.
- **Comprende el seguro de título:** Protégete a ti mismo y a tu prestamista de posibles disputas sobre la propiedad asegurando tanto la póliza de título del prestamista como la del propietario.
- **Prevé los costos de cierre:** Conoce los costos que puedes esperar, incluidos los impuestos pagados por adelantado, el seguro y otras tasas, y asegúrate de tener fondos listos para el día del cierre.
- **Ten cuidado con el fraude electrónico:** Verifica todos los detalles de la transferencia directamente con la empresa de títulos o el abogado para evitar estafas.
- **Celebra el momento:** El cierre es la culminación de tu viaje hacia la compra de tu hogar: disfruta de la emoción y hazte esa foto de "llaves en mano".

Resumen: El día del cierre marca el final de tu viaje de compra de vivienda y el comienzo de la propiedad de la misma. Aunque puede resultar abrumador, estar preparado garantiza que el proceso se desarrolle sin problemas. En este capítulo hemos cubierto todo, desde la comprensión del seguro del título y los costos de cierre hasta la preparación de documentos y la forma de evitar el fraude electrónico. Con la preparación adecuada y una comprensión clara de lo que puedes esperar, podrás navegar con confianza por este emocionante hito. Respira hondo, saborea el momento y prepárate para crear recuerdos duraderos en tu nuevo hogar. ¡Felicidades!

A continuación, analizaremos dónde comprar tu nueva vivienda y los puntos clave que pueden variar.

Capítulo 12

A través de las fronteras: Cómo difiere la compra de vivienda en Canadá, México y los EE.UU.

Tanto si sueñas con un retiro frente al mar en México, una acogedora casa en Canadá o navegar por el mercado estadounidense, comprar una casa es un paso financiero importante. Aunque este libro se centra principalmente en el proceso estadounidense, muchos de los principios se aplican más allá de las fronteras. Este capítulo se sumerge en los aspectos únicos de la compra de una casa en Canadá y México, ofreciendo los conocimientos necesarios para quienes viven allí o están considerando una compra internacional.

Exploraremos las diferencias clave en financiación, impuestos, requisitos legales y mucho más para ayudarte a tomar decisiones informadas, independientemente de dónde quieras comprar. Si estás en Canadá o México, también encontrarás comparaciones útiles para comprender cómo funciona tu mercado junto al estadounidense. Como siempre, consultar a expertos locales es crucial para navegar por las especificidades de tu región.

1. Financiación de una vivienda

- **Estados Unidos**: Estados Unidos ofrece una gran variedad de opciones de préstamo, como los préstamos FHA, VA, USDA y convencionales. Los plazos de las hipotecas suelen ser de 15-30 años, y las hipotecas a tasa fija son las más populares. Los prestamistas exigen una buena puntuación crediticia, un pago inicial (a menudo del 3-20%) y un comprobante de ingresos.
- **Canadá**: El sistema hipotecario de Canadá difiere significativamente. La mayoría de los préstamos tienen plazos

más cortos, normalmente de 5 años, con períodos de amortización de 25-30 años. Las hipotecas a tasa fija y variable- son ambas estándar, pero los prestatarios suelen renegociar sus términos al final de cada plazo del préstamo. Es obligatorio que los prestatarios realicen una "prueba de estrés" para asegurarse de que pueden afrontar tasas más altas si aumentan. Los pagos iniciales empiezan en el 5% para las viviendas de menos de $500.000, pero las de más de esa cantidad requieren al menos el 10% del exceso.

- **México**: En México, las hipotecas son menos comunes para los compradores extranjeros. Muchas transacciones se hacen en efectivo. La financiación a través de bancos mexicanos es posible, pero los plazos son más cortos (10-20 años) y las tasas de interés suelen ser más altas que en los EE.UU. A los compradores extranjeros les podría resultar más fácil obtener financiación a través de prestamistas internacionales especializados.

2. Impuestos y tasas

- **Estados Unidos**: Los impuestos sobre la propiedad se pagan anualmente y varían significativamente según el estado y la jurisdicción local. Los gastos de cierre suelen oscilar entre el 2 y el 5% del precio de compra, incluidas las comisiones por el seguro del título, las inspecciones y los servicios del prestamista.
- **Canadá**: Los impuestos sobre la propiedad también se pagan anualmente y se calculan en función del municipio. Los compradores pagan un impuesto de transmisiones patrimoniales, que varía según la provincia, y algunas regiones ofrecen reembolsos a los compradores primerizos. Los gastos de cierre son más bajos que en los EE.UU., normalmente en torno al 1,5-4% del precio de la vivienda.
- **México**: Los impuestos sobre la propiedad (predial) son más bajos que en los EE.UU. y Canadá. Los compradores deben pagar un impuesto de transmisiones patrimoniales y gastos notariales que suman entre el 4 y el 6% del precio de compra. Los compradores extranjeros también pueden incurrir en

gastos adicionales por establecer un fideicomiso bancario si compran en zonas restringidas como las costeras o fronterizas.

3. El proceso legal

- **Estados Unidos**: Los compradores confían mucho en los agentes inmobiliarios y los abogados para gestionar los contratos, las inspecciones y las contingencias. El seguro de titularidad protege a los compradores de las disputas sobre la propiedad.
- **Canadá**: En las transacciones inmobiliarias suelen intervenir agentes, pero no suelen requerir abogados, salvo en algunas provincias. Los compradores deben investigar para asegurarse de que la propiedad tenga un título claro, pero el seguro del título es menos habitual.
- **México**: Los compradores extranjeros deben recurrir a un *notario público*, un funcionario nombrado por el gobierno que garantiza la legalidad de la transacción. Las propiedades costeras y fronterizas requieren que los compradores extranjeros establezcan un *fideicomiso bancario* para ser propietarios. Es recomendable contratar a un abogado especializado en derecho inmobiliario para garantizar que el proceso se lleve a cabo correctamente.

4. Tipos de propiedad

- **Estados Unidos**: Los compradores pueden elegir entre una amplia gama de propiedades, como viviendas unifamiliares, apartamentos y casas adosadas.
- **Canadá**: El mercado está dominado por los apartamentos en

condominio, en las zonas urbanas, siendo más comunes las viviendas unifamiliares en las regiones suburbanas o rurales.

- **México**: México ofrece una mezcla de casas tradicionales, propiedades en primera línea de playa y urbanizaciones de lujo, con muchas opciones para expatriados y jubilados.

5. Inspecciones de vivienda

- **Estados Unidos**: Las inspecciones de viviendas son una parte fundamental del proceso y a menudo se exigen antes del cierre. Dependiendo del vendedor y del mercado, los compradores pueden negociar reparaciones o reducciones de precio basadas en los resultados de la inspección.
- **Canadá**: Las inspecciones de viviendas también son habituales, sobre todo en mercados competitivos, pero no siempre son obligatorias.
- **México**: Las inspecciones de viviendas están menos formalizadas y no son una práctica habitual. Los compradores deben contratar a inspectores independientes para evaluar la propiedad.

6. Divulgaciones del vendedor: Lo que deben saber los compradores

Las divulgaciones del vendedor son una parte vital del proceso de compra de una vivienda, pero sus requisitos difieren según el país:

- **Estados Unidos**: La mayoría de los estados exigen a los vendedores que faciliten una declaración en la que se describan los problemas conocidos de la vivienda, como defectos estructurales, daños anteriores causados por el agua u otros problemas materiales. Esta información permite a los compradores comprender mejor el estado de la vivienda antes de hacer una oferta. Sin embargo, los requisitos varían según el estado, y los compradores deben consultar a su agente para conocer las leyes locales.
- **Canadá**: Algunas provincias tienen formularios obligatorios de información al vendedor, pero otras no. En las zonas en las

que no son obligatorios, los compradores pueden tener que confiar más en las inspecciones para descubrir posibles problemas.

- **México**: Por lo general, no se exigen declaraciones del vendedor, y corresponde al comprador llevar a cabo una diligencia debida exhaustiva. Contratar a un abogado inmobiliario local y a un inspector independiente es esencial para identificar cualquier problema oculto de la propiedad.

7. Consideraciones culturales y prácticas

- **El idioma**: En México, muchas transacciones requieren el dominio del español o la ayuda de un traductor. En Canadá, las dos lenguas predominantes son el inglés y el francés.
- **Asistencia de salud y servicios**: Los compradores de Canadá y México pueden dar prioridad a la proximidad a los centros de atención de salud, sobre todo los jubilados.
- **Clima y construcción**: En México, las casas suelen construirse con hormigón para que duren más con el calor, mientras que las casas canadienses dan prioridad al aislamiento para climas más fríos.

8. Consideraciones adicionales

- **Consideraciones sobre el cambio de divisas** (para compradores en México): Para los compradores que adquieren una propiedad en México, la fluctuación de los tipos de cambio puede repercutir significativamente en el costo final. Podría ser útil añadir una nota sobre los tipos de cambio y la colaboración con una institución financiera de confianza para una conversión de divisas segura y rentable.

- **Implicaciones fiscales para los compradores extranjeros:** Este capítulo menciona brevemente los impuestos y las tasas, pero añadir una nota sobre las implicaciones fiscales para los compradores extranjeros (por ejemplo, impuestos sobre el incremento de capital al vender, requisitos de declaración anual o impuestos sobre la propiedad para no residentes) podría evitar sorpresas. Por ejemplo:

   - En México, los compradores extranjeros pueden enfrentarse a impuestos adicionales al vender una propiedad, como el impuesto ISR (impuesto sobre el incremento de capital).
   - Los ciudadanos estadounidenses que compran en el extranjero pueden tener que declarar a Hacienda la venta de propiedades, aunque la transacción se produzca en otro país.

- El seguro de vivienda en diferentes mercados: El seguro no está cubierto explícitamente, pero es fundamental para proteger las inversiones:
   - **Estados Unidos**: Los prestamistas suelen exigir un seguro de vivienda, y los compradores deben asegurarse de que comprendan la cobertura contra inundaciones, terremotos o huracanes según la ubicación.
   - **Canadá**: Las pólizas de seguro pueden variar según la provincia, sobre todo en zonas propensas a catástrofes naturales como incendios forestales o inundaciones.
   - **México**: El seguro de propiedad es menos común pero aconsejable, sobre todo para las casas en primera línea de playa o en zonas propensas a los huracanes. Los compradores deben buscar proveedores locales o pedir recomendaciones a sus abogados.
- **Financiación para compradores extranjeros:** Gestionar la financiación como comprador extranjero puede parecer un territorio desconocido, pero hay varias opciones que explorar:
   - **Cómo obtener préstamos en México:** Algunos bancos mexicanos y prestamistas internacionales ofrecen programas de financiación específicos para no residentes. Éstos suelen exigir pagos iniciales más elevados (a menudo del 30-50%) y documentación

adicional, como una prueba de ingresos y un pasaporte válido. Asociarte con un agente de préstamos bilingüe o un abogado inmobiliario puede simplificar el proceso.

   - **Aprovechar el capital inmobiliario en el extranjero:** Si posees una propiedad en los EE.UU. o Canadá, puedes utilizar un préstamo con garantía hipotecaria o una línea de crédito para financiar tu compra en México. Esta opción suele ofrecer condiciones más favorables que la financiación local. Sin embargo, es esencial tener en cuenta las fluctuaciones del tipo de cambio y los riesgos potenciales para tu propiedad actual.

   - **Compras en efectivo:** Muchos compradores optan por eludir totalmente la financiación pagando en efectivo, lo que reduce el tiempo de la transacción y evita las restricciones de los préstamos. Para este enfoque, es fundamental trabajar con una institución financiera de confianza para un cambio de divisas seguro.

Sea cual sea la opción que elijas, consultar a especialistas financieros transfronterizos o a agentes hipotecarios internacionales puede ayudarte a sortear las complejidades y a encontrar lo que mejor se adapte a tus necesidades.

- **Restricciones de zonificación y uso del suelo**: Este tema es especialmente crítico en México, donde la zonificación y el uso del suelo pueden diferir drásticamente. Los compradores deben ser conscientes de:
   - Restricciones a la construcción cerca de determinadas zonas (por ejemplo, zonas arqueológicas o reservas ecológicas).

   - Normativa que podría afectar a futuras renovaciones o ampliaciones.

Conclusiones clave del Capítulo 12

- **Comprende las diferencias regionales:** Los procesos de compra de vivienda varían significativamente entre EE.UU., Canadá y México, con normas únicas de financiación, impuestos y requisitos legales.
- **Las opciones de financiación varían:**
    - EE.UU: Ofrece hipotecas a largo plazo con diversos tipos de préstamos.
    - Canadá: Presenta plazos de préstamos más cortos con pruebas de estrés obligatorias.
    - México: La financiación es limitada, y muchas transacciones requieren efectivo o prestamistas internacionales.
- **Los procesos legales difieren:**
    - EE.UU: Depende en gran medida del seguro de títulos y de los agentes.
    - Canadá: Los abogados son opcionales en la mayoría de las provincias, pero la investigación de títulos es crucial.
    - México: Implica notarios públicos, fideicomisos bancarios para extranjeros y pasos adicionales para el cumplimiento.
- **La diligencia debida es clave:** Las divulgaciones del vendedor no se exigen universalmente, sobre todo en México, por lo que es esencial realizar inspecciones minuciosas y contar con orientación profesional.
- **Impuestos y tasas:** Ten en cuenta los impuestos sobre la propiedad, los impuestos sobre transmisiones patrimoniales y otras tasas específicas de cada país.
- **Planifica el seguro:** El seguro de vivienda varía según la región, con consideraciones únicas para las catástrofes naturales o los riesgos específicos de cada lugar.

Resumen: El capítulo 12 ofrece una perspicaz comparación del proceso de compra de una vivienda en los EE.UU., Canadá y México, destacando los desafíos y requisitos únicos de cada país. Desde la comprensión de las opciones de financiación y las diferencias legales hasta la planificación de impuestos, tasas y factores culturales, este capítulo te dota de conocimientos esenciales para las transacciones transfronterizas. Tanto si compras una propiedad frente al mar en México, una acogedora casa en Canadá o navegas por el mercado estadounidense, los principios de investigación, orientación profesional y preparación siguen siendo universales. Armado con estas ideas, estarás mejor preparado para afrontar las complejidades de la compra de vivienda internacional. ¡Felicidades por ampliar tus horizontes!

A continuación, descubriremos herramientas esenciales que te ayudarán en tu camino hacia la propiedad de la vivienda.

"NUESTRO HOGAR ES NUESTRO CASTILLO, NUESTRO SANTUARIO, NUESTRO REFUGIO. ES DONDE PODEMOS SIMPLEMENTE SER, CREAR Y DISFRUTAR DE LOS PLACERES DE LA VIDA."
- JEWEL STAR
Hogar Dulce Hogar

Capítulo 13

Kit de herramientas del comprador de vivienda: Herramientas y sitios web esenciales para compradores primerizos

En la era digital actual, una gran cantidad de herramientas, como aplicaciones y sitios web, pueden facilitarte el proceso de compra de una vivienda. Tanto si estás calculando tu presupuesto, explorando barrios o comparando tasas hipotecarias, los recursos adecuados pueden ahorrarte tiempo, dinero y estrés. Exploremos algunas de las mejores herramientas disponibles para ayudarte a tomar decisiones con conocimiento de causa.

1. Las mejores calculadoras hipotecarias:

Una calculadora hipotecaria es una de las herramientas más esenciales para cualquier comprador de vivienda. Te ayuda a calcular los pagos mensuales en función de factores como el importe del préstamo, la tasa de interés y el plazo.

- **Calculadora de hipotecas de Bankrate**

  Ofrece un desglose claro de los pagos mensuales, incluyendo capital, intereses, impuestos y seguro (PITI). Sitio web: https://www.bankrate.com/mortgage-calculators/

- **Calculadora de hipotecas de Zillow**

  Incluye herramientas adicionales para la asequibilidad y la refinanciación. Sitio web:

  https://www.zillow.com/mortgage-calculator/

- **Calculadora de hipotecas de NerdWallet**

Proporciona opciones para comparar distintos tipos de préstamo y calcular los costos de cierre.

Sitio web:

https://www.nerdwallet.com/mortgages/mortgage-calculator

- **MortgageCalculator.org**

  Te ayuda a comprender lo que tu presupuesto puede comprar en el mercado actual.

  Sitio web:

  https://www.mortgagecalculator.org/

Consejo útil: Juega con los números para ver cómo afecta el pago inicial a tu pago mensual, el plazo del préstamo o los cambios en el tipo de interés. Recuerda que el pago total de la casa suele incluir PITI (capital, intereses, impuestos y seguro).

2. Los mejores sitios de control e informes de crédito:

Tu puntuación crediticia desempeña un papel fundamental a la hora de obtener una hipoteca y una buena tasa de interés. Mantente al día con estas herramientas:

- **MyFico**: Proporciona supervisión de la puntuación crediticia por una cuota, ofreciendo alertas sobre cambios y estrategias personalizadas para mejorar tus puntuaciones. Te permite ver los tres informes fusionados de las agencias de crédito en un solo lugar.
  - Sitio web: https://www.myfico.com
- **Experian, TransUnion y Equifax**: Estas agencias de crédito proporcionan un informe de crédito gratuito una vez al año y servicios continuos de seguimiento del crédito.
  - Experian: https://www.experian.com
  - TransUnion: https://www.transunion.com
  - Equifax: https://www.equifax.com

- **AnnualCreditReport.com**: El sitio oficial para obtener tus informes crediticios anuales gratuitos de las tres agencias en un solo lugar.
    - Sitio web: https://www.annualcreditreport.com

Consejo: Controla tu crédito con regularidad para detectar errores o cambios que puedan afectar a la aprobación de tu hipoteca.

3. Los mejores sitios para programas de asistencia para el pago inicial:

Muchos compradores primerizos pueden optar a ayudas para el pago inicial, pero encontrar el programa adecuado puede ser un desafío.

- **DownPaymentResource.com**
  Te ayuda a encontrar programas en función de tu ubicación y elegibilidad.
  Sitio web: https://www.downpaymentresource.com/
- **La Administración Federal de la Vivienda (HUD.gov)**

  Ofrece información sobre programas estatales y locales para compradores primerizos.

  Sitio web: https://www.hud.gov/topics/buying_a_home
- **NeighborWorks América**

  Organización sin fines de lucro que ofrece formación y ayuda a los compradores, incluidos recursos para el pago inicial.

  Sitio web: https://www.neighborworks.org/

4. Los mejores sitios para investigar el barrio

El barrio puede ser tan importante como la propia casa. Estas herramientas te ayudan a evaluar los centros escolares, los índices de delincuencia, los servicios y los tiempos de desplazamiento.

- **GreatSchools.org**: Proporciona valoraciones y reseñas detalladas de los centros escolares.
  - Sitio web: https://www.greatschools.org
- **NeighborhoodScout.com**: Ofrece información detallada sobre índices de delincuencia, niveles de renta, tendencias de la vivienda y datos demográficos de barrios de todo EE.UU.
  - Sitio web: https://www.neighborhoodscout.com
- **WalkScore.com**: Mide lo transitable que es un barrio, junto con los servicios cercanos y las opciones de transporte público.
  - Página web: https://www.walkscore.com

Consejo útil: Realiza un "paseo" virtual por los posibles barrios utilizando Google Street View para hacerte una idea de la zona. Además, muchas casas en venta también tienen visitas virtuales en los anuncios, así que explora y disfruta. Es una buena forma de previsualizar una casa para ver si entra en la lista de las que quieres visitar en persona.

5. Los mejores sitios web y aplicaciones inmobiliarias

Tener acceso a listados de viviendas y herramientas hipotecarias en tu teléfono puede hacer más cómoda la búsqueda de vivienda.

- **Google Street View:** Explora los barrios virtualmente con vistas panorámicas.
  - Android: https://play.google.com/store/apps/details?id=com.google.android.street
  - iOS: https://apps.apple.com/app/google-street-view/id904418768
- **Zillow:** Busca inmuebles con visitas virtuales.

    - Sitio web: https://www.zillow.com
    - Android: https://play.google.com/store/apps/details?id=com.zillow.android.zillowmap
    - iOS: https://apps.apple.com/app/zillow-real-estate-rentals/id310738695
- **Realtor.com:** Accede a listados de propiedades con recorridos virtuales inmersivos.
    - Sitio web: https://www.realtor.com
    - Android: https://play.google.com/store/apps/details?id=com.move.realtor
    - iOS: https://apps.apple.com/app/realtor-com-real-estate/id336698281
- **Redfin:** Encuentra viviendas en venta con opciones de visitas virtuales.
    - Sitio web: https://www.redfin.com
    - Android: https://play.google.com/store/apps/details?id=com.redfin.android
    - iOS: https://apps.apple.com/app/redfin-real-estate/id327962480
- **Trulia:** Descubre casas y barrios con visitas virtuales.
    - Sitio web: https://www.trulia.com
    - Android: https://play.google.com/store/apps/details?id=com.trulia.android
    - iOS: https://apps.apple.com/app/trulia-real-estate-find-homes/id288487321
- **HomeSnap:** Busca viviendas, conecta con agentes y visualiza visitas virtuales.
    - Sitio web: https://www.homesnap.com

- Android: https://play.google.com/store/apps/details?id=com.homesnap
- iOS: https://apps.apple.com/app/homesnap-real-estate-search/id301303058

Dato curioso: Algunas aplicaciones, como *Homesnap*, pueden incluso mostrarte el precio de la última venta y la información sobre los impuestos de la propiedad con una rápida foto de la casa.

6. Las mejores herramientas de búsqueda de inspectores de viviendas:

Encontrar un inspector de viviendas de confianza es crucial para identificar posibles problemas antes de comprar.

- **Sociedad Americana de Inspectores de Viviendas (ASHI.org)**
  - Ofrece un directorio de inspectores de viviendas certificados por zonas.
  - Sitio web: https://www.homeinspector.org/
- **HomeAdvisor.com**
  - Te permite buscar inspectores muy bien valorados en tu localidad, con opiniones de otros compradores.
  - Sitio web: https://www.homeadvisor.com/

7. Los mejores sitios de comparación de seguros de vivienda:

Necesitarás un seguro para propietarios de vivienda antes del cierre. Utiliza estas herramientas para encontrar las mejores tarifas y coberturas.

- **Policygenius**
    - Ofrece comparaciones paralelas de varios proveedores de seguros.
    - Sitio web: https://www.policygenius.com/
- **The Zebra**
    - Compara las tarifas de más de 100 aseguradoras para encontrar la mejor póliza para tu nuevo hogar.
    - Sitio web: https://www.thezebra.com/

Consejo útil: Pide cotizaciones de seguros al principio del proceso, ya que también formarán parte de tus gastos de cierre.

8. Las mejores calculadoras de costos de cierre:

Los costos de cierre pueden ser una sorpresa si no estás preparado. Utiliza estas herramientas para calcular tus gastos con antelación. Esto puede darte una idea aproximada; sin embargo, para obtener una estimación real, ponte en contacto con tu prestamista.

- **Calculadora de costos de cierre de Smart Asset**
    - Ofrece un presupuesto detallado basado en el precio de la vivienda, el pago inicial y la ubicación.
    - Sitio web: https://smartasset.com/mortgage/closing-costs
- **Calculadora de costos de cierre de Bankrate**

  Te ayuda a comprender el desglose completo de los costos de la compra de una vivienda.

Sitio web: https://www.bankrate.com/mortgages/closing-cost-calculator/

Conclusiones clave del Capítulo 13

- **Las calculadoras hipotecarias son esenciales:** Herramientas como Bankrate y NerdWallet pueden ayudarte a calcular los pagos mensuales y a presupuestar con precisión.
- **Verifica tu crédito:** Utiliza plataformas como AnnualCreditReport.com y MyFico para hacer un seguimiento de tu puntuación crediticia y abordar los errores de manera oportuna.
- **Explora la asistencia para el pago inicial:** Sitios web como DownPaymentResource.com y HUD.gov pueden ponerte en contacto con programas de ayuda financiera.
- **Investiga los barrios:** Plataformas como GreatSchools.org y WalkScore.com proporcionan información valiosa sobre establecimientos escolares, índices de delincuencia y servicios.
- **Utiliza aplicaciones inmobiliarias:** Zillow, Redfin y Realtor.com para que la búsqueda de viviendas y la visualización de visitas virtuales resulten cómodas y accesibles.

Resumen: Este capítulo te ha proporcionado un "kit de herramientas del comprador de vivienda" con recursos digitales esenciales para simplificar cada paso de tu viaje. Desde calculadoras hipotecarias y herramientas de control del crédito hasta investigación de barrios y aplicaciones inmobiliarias, estas plataformas te proporcionan los conocimientos necesarios para tomar decisiones con conocimiento de causa. Ya sea calculando costos, explorando posibles zonas o comparando programas de asistencia al pago inicial, estas herramientas te ahorrarán tiempo, reducirán el estrés y aumentarán tu confianza. Con las aplicaciones y sitios web adecuados a tu alcance, estarás bien preparado para recorrer el camino hacia la propiedad de una vivienda.

A partir de lo que hemos cubierto, pasemos a algunas reflexiones finales y a resumir lo que hemos aprendido.

Reflexiones finales: Tu viaje al hogar dulce hogar

¡Felicidades! Haber llegado al final de esta guía significa que ahora cuentas con los conocimientos y las herramientas necesarias para recorrer con confianza el camino hacia la propiedad de una vivienda. Desde comprender el crédito y la financiación hasta encontrar la vivienda adecuada, completar la compra y establecerte en tu nuevo espacio, has dado un paso importante para convertirte en un propietario seguro y bien preparado.

Ser propietario de una vivienda es una de las inversiones más gratificantes que puedes hacer. Más allá de la estabilidad financiera, te ofrece la libertad de crear un espacio que sea exclusivamente tuyo y construir una base sólida para el futuro. Tanto si estás preparado para comprar ahora como si aún lo estás planeando, el siguiente paso es tuyo. Si aún no has llegado a ese punto, no pasa nada: empieza hoy mismo a elaborar tu plan SMART (específico, mensurable, alcanzable, relevante y sujeto a plazos). Pasar a la acción ahora te garantiza que estás trabajando activamente para alcanzar tu objetivo de ser propietario de una vivienda y te prepara para el éxito a largo plazo.

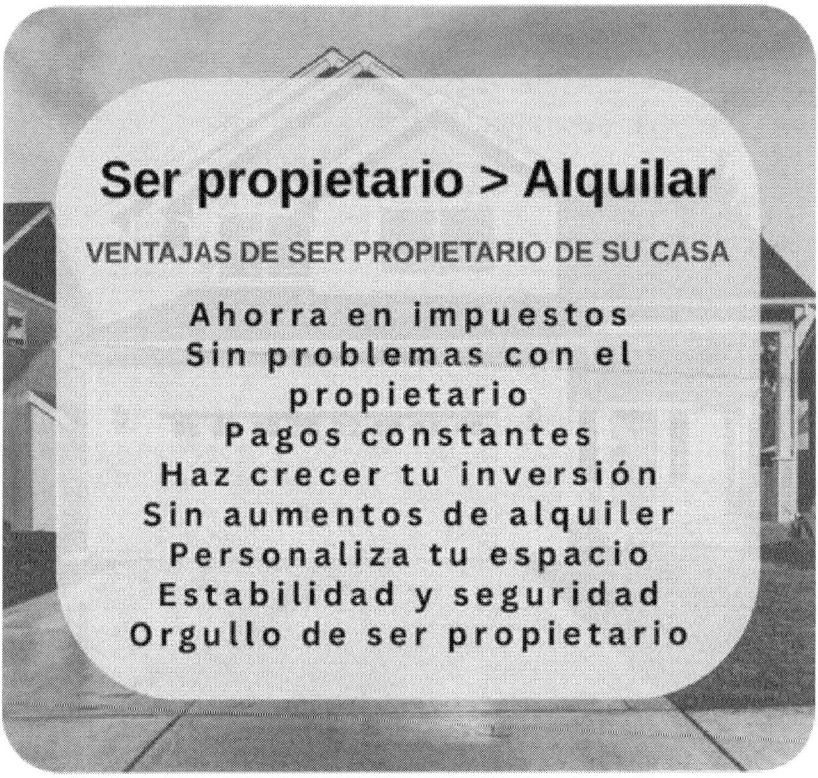

Ser propietario de una vivienda: tu camino hacia la prosperidad, estabilidad y libertad financiera

Las ventajas de ser propietario de una vivienda van mucho más allá de tener un lugar al que llamar propio. Cada pago de la hipoteca genera capital, convirtiendo tu casa en una poderosa herramienta de creación de riqueza. El aumento del valor de la propiedad con el tiempo puede aumentar aún más esta inversión. La propiedad de una vivienda también ofrece ventajas económicas, como exenciones de impuestos, deducciones fiscales por intereses hipotecarios e impuestos sobre la propiedad, y la posibilidad de fijar unos costos mensuales de vivienda predecibles.

Más allá de las ventajas económicas, poseer una vivienda proporciona estabilidad, seguridad y privacidad. Es una protección contra la inflación y una forma de dejar de construir la riqueza de otro mediante el alquiler. Al ser propietario, cada pago que haces es una inversión para tu futuro. Tu hogar reflejará tu estilo y tus valores, ofreciéndote libertad creativa para diseñarlo, renovarlo y hacerlo verdaderamente tuyo. Ya sea diseñando un jardín, plantando un huerto o decorando su interior, tu hogar se convertirá en un motivo de orgullo y un reflejo de quién eres.

Los beneficios de ser propietario de una vivienda son innegables: un camino hacia la prosperidad, una fuente de estabilidad y la libertad de crear una vida en un espacio que es enteramente tuyo. Si has estado esperando el momento adecuado, pregúntate: "¿Tengo una buena razón para no empezar ahora?"

Tu nuevo comienzo: Comprar una casa es más que una transacción; es un viaje transformador. Es una mezcla de emoción, nerviosismo e innumerables decisiones, pero cada paso te acerca a algo verdaderamente especial. Tanto si estás empezando a explorar la idea, buscando activamente la casa de tus sueños o preparándote para el cierre, cada momento merece ser celebrado.

El poder de la preparación: Uno de los aspectos más importantes de este libro es la importancia de la preparación. Equipado con la información adecuada, un presupuesto realista y un plan claro, podrás abordar cada fase del proceso con confianza. Aunque la preparación no elimina todos los desafíos, te empodera para sortearlos sabiamente y convertir los posibles obstáculos en oportunidades.

El camino por delante: La aventura no termina cuando recibes las llaves: es sólo el principio. Ser propietario conlleva nuevas responsabilidades, desde el mantenimiento de la propiedad hasta la planificación de tus finanzas, pero también ofrece la libertad de hacer de tu casa un hogar. Cuando te instales en tu nuevo espacio, recuerda estos pensamientos finales:

- Mantén la curiosidad: Sigue aprendiendo sobre la propiedad de la vivienda para proteger y hacer crecer tu inversión.
- Sé paciente: No todo saldrá según lo planeado, pero cada desafío es una oportunidad para crecer.

- Abraza la alegría: Tu casa es algo más que paredes y un tejado: es tu santuario, un lugar de confort, orgullo y felicidad.

Reflexiona sobre tu viaje: Ser propietario de una vivienda es un hito que vale la pena celebrar. Es un lugar para generar prosperidad, echar raíces y, lo que es más importante, crear recuerdos. Tómate un momento para reflexionar sobre lo lejos que has llegado y todos los pasos que te han traído hasta aquí. Cada decisión, cada paso adelante, te ha conducido a esto: tu propio Hogar dulce hogar.

Bienvenido a casa: Éste es un nuevo capítulo de tu vida, y está lleno de infinitas posibilidades. Tu casa no es sólo una inversión económica, sino una inversión personal, una base para los sueños, las risas y los hitos que están por llegar.

Capítulo 14

Del sueño a la propiedad: Tu lista de control esencial para comprar una casa

Esta lista de comprobación te guiará a lo largo de todo el proceso de compra de una vivienda, principalmente en orden cronológico, desde lo que hay que hacer **antes del cierre** hasta las tareas para los **primeros 30 días después del cierre.** Recuerda que el sector inmobiliario es fluido, por lo que tu lista de control podría estar fuera de secuencia. Utilízala para mantenerte organizado, como herramienta para ayudarte a hacer más preguntas y garantizar una transición fluida hacia la propiedad de la vivienda.

Lista de control de tu hogar dulce hogar: Lista de verificación paso a paso para comprar una casa

Estas listas están principalmente en orden cronológico, sin embargo, algunas tareas podrían suceder fuera de secuencia, y eso es perfectamente normal. Su objetivo es servirte de referencia, proporcionándote una lista de control a seguir, que te permita plantearte preguntas a lo largo del camino.

<u>Lista de control: Desde la precalificación hasta el contrato</u>

- **Determina tu presupuesto**
    - Crea tu presupuesto: Revisa tus finanzas actuales, incluidos los ingresos y todas las deudas, anotando los importes de los pagos y los plazos de amortización. Considera cuánto puedes permitirte pagar cómodamente por una casa o si el pago de ciertas deudas podría mejorar tu flujo de caja mensual. Reúne tus documentos financieros y recuerda obtener una

precalificación para recibir asesoramiento experto en la creación de un plan adaptado a tu situación.

    - Consigue la precalificación para una hipoteca. (Una estimación inicial de cuánto puedes pedir prestado en función de la información financiera básica que proporciones).
        - Preferiblemente mediante una consulta suave (soft pull), para que no disminuya tu puntuación crediticia. Una vez que decidas qué prestamista vas a utilizar, entonces haz una consulta dura (hard pull).
        - Pregunta al prestamista si puede compartir contigo tu informe crediticio. Si no, no pasa nada. Ve a Internet y pídelo tú mismo para saber qué contiene.
    - Establece tus objetivos SMART (Específicos, Mensurables, Alcanzables, Relevantes y Limitados en el tiempo): con la sabiduría y la orientación de tu entidad crediticia, determina si estás preparado para comprar una casa ahora, cuál es un plazo realista y cuál es tu plan para llegar hasta ahí. Además, establece un rango de precios realista y pregúntale a la entidad crediticia cuál es el importe máximo al que puedes aspirar (y luego puedes establecer tus límites ideales, siempre que te mantengas por debajo de este).
- **Comprueba tu puntuación de crédito**
    - Obtén tu informe crediticio.
    - Disputa cualquier error y mejora tu puntuación si es necesario.
- **Pago inicial y costos de cierre**
    - ¿Tienes suficiente liquidez preparada?
    - Si no es así, establece un plan de ahorro con Objetivos SMART claros, que indiquen de dónde procederán tus fondos y cuándo alcanzarás tu objetivo.

- **Encuentra un agente inmobiliario**
    - Entrevista a posibles agentes y, si estás preparado para empezar a buscar casa, firma un acuerdo de representación del comprador. Algunos compradores optan por empezar por un agente inmobiliario, ya que este puede recomendarles una entidad crediticia de confianza de su red.
- **Consigue la preaprobación de una hipoteca** (Esto es mucho más sólido que una precalificación. Es un proceso más detallado en el que la entidad crediticia verifica tus documentos financieros y confirma un importe de préstamo específico).
    - Presenta los documentos requeridos a la entidad crediticia.
    - Obtén una carta de preaprobación para reforzar tus ofertas. (Ten en cuenta que una carta de preaprobación es mucho más sólida que una carta de precalificación).
- **Empieza a buscar casa**
    - Haz una lista de lo que es imprescindible que tenga y de lo que te gustaría que tenga la casa. Recuerda utilizar tu escala del 1 al 10.
    - Visita las casas con tu agente.
- **Haz una oferta (o una contraoferta)**
    - Trabaja con tu agente para negociar las condiciones.
    - Incluye contingencias como la inspección, la financiación y la tasación.
    - Incluye una fecha de cierre en tu oferta. Si la casa está lista para mudarse, el cierre suele producirse en un plazo de 30 a 45 días, a menos que se negocie otra cosa.
    - Define el **período de opción**, un plazo (normalmente de 7 a 10 días) que te permite echarte atrás en el contrato por cualquier motivo después de las inspecciones. El nombre de este período varía

según el lugar y puede denominarse período de diligencia debida, contingencia de inspección o período de inspección. Asegúrate de preguntar a tu agente inmobiliario cómo se denomina en tu zona.

- Ofrece una cantidad en concepto de depósito en garantía y de derechos de opción que demuestren tu compromiso.
- Aclara qué permanecerá en la vivienda. Normalmente, todo lo que esté adherido a la vivienda se queda, pero siempre es mejor confirmarlo. También puedes negociar por objetos adicionales, como un refrigerador o una parrilla exterior. Ten en cuenta que el vendedor podría tener algún objeto adherido con valor sentimental que piensa llevarse. Asegúrate de que todos los acuerdos estén claramente expuestos en tu contrato para evitar malentendidos.
- Establece claramente quién cubrirá los gastos, como los de cierre, la póliza del título, la garantía de la vivienda y cualquier reparación que se solicite.

- **La oferta es aceptada, Y todas las partes han firmado los documentos**
  - Los documentos y, normalmente, el depósito de garantía se envían a la compañía de títulos/abogado/agente de cierre.
  - Notifica inmediatamente a tu prestamista y envíale una copia de tu contrato totalmente firmado.

- **¡¡¡SIII!!!** Es hora de bailar de felicidad. ¡Estás oficialmente en el camino hacia la propiedad de la vivienda! Es un hito emocionante, y recuerda que las próximas semanas implicarán varias tareas urgentes para que el proceso siga avanzando sin problemas.

Lista de control: Cosas que hay que hacer ANTES del cierre

- **Programa una inspección de la vivienda** (normalmente, esto tiene un límite de tiempo en tu contrato, a menudo llamado "Período de opción", así que consíguelo de inmediato).
    - Contrata a un inspector autorizado.
    - Revisa el informe y solicita/negocia las reparaciones necesarias.
- **Reúne los documentos necesarios**
    - Haz un seguimiento con tu prestamista, pregúntale qué más necesita y envíale la información de inmediato.
- **Seguro de vivienda**
    - Asegúrate de que la cobertura esté programada para el día del cierre.
- **Confirma los detalles del cierre**
    - Comprueba dos veces la fecha, hora y lugar de tu cita de cierre y añade todos los detalles a tu calendario.
- **Planifica bien la fecha de la mudanza**
    - Decide si te ocuparás tú mismo de la mudanza o contratarás a profesionales. Recuerda evitar fijar las fechas con demasiada antelación, ya que las fechas de cierre y posesión suelen cambiar de forma inesperada.
- **Revisa la declaración de cierre** (debe revisarse y firmarse como mínimo 3 días antes del cierre)
    - Asegúrate de que todos los costos y condiciones coincidan con tus expectativas. Pregunta a tu entidad crediticia sobre cualquier cosa que no tenga sentido o parezca diferente de lo que esperabas.
- **Prepara los fondos para el cierre**
    - Entre 1 y 3 días antes del cierre, prepara un **cheque certificado o una transferencia bancaria** para

los gastos de cierre y el pago inicial. (Consulta los requisitos e instrucciones con tu compañía de títulos de propiedad).

  - Recuerda llamar y confirmar con la Compañía de Títulos/agente de cierre las instrucciones de la transferencia ANTES de enviarla.
  - Confirma que se ha recibido la transferencia.

- **Haz una visita final**
  - 1 o 2 días antes del cierre, comprueba que la vivienda esté en las condiciones esperadas.
- **Asiste al cierre**
  - Lleva tu documento de identidad, prueba del seguro y cualquier otro documento que te solicite el prestamista.
  - Revisa, verifica y firma los documentos de cierre.
  - Obtención de las llaves: La financiación debe completarse antes de que se liberen las llaves. Esto puede tardar unos minutos, unas horas y, a veces, incluso unos días.
- **¡Celebra!**
  - ¡Eres oficialmente propietario de una vivienda!

Lista de control: Cosas que hacer inmediatamente DESPUÉS del cierre

- **Cambia las cerraduras**
  - Haz que todas las cerraduras, los abridores de puertas de garaje y los códigos de seguridad sean reprogramados o reajustados para mayor seguridad.
- **Localiza las válvulas de cierre y los disyuntores:**
  - Conoce dónde se encuentran la válvula principal de corte de agua y el panel de disyuntores eléctricos en caso de emergencia.

- **Transfiere los servicios públicos**
    - Contrata los servicios de electricidad, agua, gas, internet y recolección de basura. Algunos de ellos pueden configurarse con antelación para que se produzcan en la fecha de cierre o, más bien, en la fecha de la mudanza, si no coinciden.
- **Actualiza tu dirección**
    - Notifica a la oficina de correos, bancos, tarjetas de crédito, proveedores de seguros, al Departamento de Vehículos de Motor (DMV) y cualquier otro servicio relevante de tu nueva dirección.
- **Revisa tu póliza de seguro de vivienda**
    - Asegúrate de que cubra adecuadamente tu vivienda según lo previsto, y añade cualquier cláusula adicional para coberturas especiales (por ejemplo, seguro contra inundaciones u objetos de valor específicos).
- **Guarda los documentos de cierre en un lugar seguro**
    - Guarda todos los documentos de cierre, incluida la escritura y el título, en un lugar seguro, preferiblemente en una caja de seguridad contra incendios.
- **Realiza pruebas de los sistemas de seguridad**
    - Comprueba todos los detectores de humo, monóxido de carbono y extintores. Crea también un plan para chequearlos regularmente, y establece recordatorios.
    - Crea un plan de evacuación en caso de incendio para tu hogar.

Cosas que hacer en los primeros 30 días DESPUÉS del cierre

- **Planificar los pagos de la hipoteca**

    - En las 2 semanas siguientes al cierre, confirma el calendario de pagos de tu hipoteca y configura el pago automático si así lo deseas.
- **Registra las garantías**
    - Para electrodomésticos, sistemas de calefacción, ventilación y aire acondicionado, y cualquier otro artículo que venga con la casa (el registro puede darte extensiones de garantías).
- **Solicita la exención del impuesto sobre bienes inmuebles**
    - Si es aplicable en tu estado, esto puede reducir tus impuestos sobre la propiedad.
- **Documenta tus pertenencias para el seguro:**
    - Haz fotos o videos de tus objetos de valor y documéntalos para el seguro, sobre todo si vas a renovar muebles o electrodomésticos. Guarda copias digitales en una unidad USB y ponla en tu caja de seguridad contra incendios.
- **Crea un presupuesto para el mantenimiento de la casa**
    - Reserva anualmente entre el 1% y el 2% del valor de tu vivienda para reparaciones y mantenimiento.
- **Revisa el Informe de inspección:**
    - Vuelve a revisar el informe de inspección de la vivienda para priorizar las reparaciones o mejoras que quieras abordar ahora que eres propietario de la casa.
- **Establece un mantenimiento rutinario**
    - Programa servicios como la inspección del sistema de calefacción, el control de plagas y la limpieza de canaletas.
- **Organiza tu espacio**

    - Desembala, coloca los muebles y haz que el espacio se sienta como *tu* casa.
- **Decora con un plan**
    - Tómate tu tiempo para elegir los colores de la pintura, los muebles nuevos y la decoración; sin prisas.
- **Controla las liquidaciones del impuesto sobre bienes inmuebles**
    - Revisa la tasación anual de tu propiedad y considera la posibilidad de presentar una protesta si el valor te parece demasiado alto. Pregunta a tu agente inmobiliario sobre los plazos de los impuestos sobre la propiedad y las protestas en tu zona para establecer recordatorios. Aunque tus impuestos se paguen a través de una cuenta de depósito en garantía, es esencial controlar los valores fiscales y protestar si es necesario.
- **Conéctate con tus vecinos**
    - Para mantenerte informado, preséntate y únete a grupos vecinales o páginas de redes sociales.
- **Crea un fondo de emergencia para reparaciones domésticas**: Crea una cuenta de ahorros separada para reparaciones inesperadas, como un calentador de agua roto o una gotera en el tejado.
- **Familiarízate con los servicios locales**: Encuentra médicos, servicios de urgencia, tiendas de comestibles y ferreterías cercanos.
- **Evalúa la seguridad doméstica**: Considera la posibilidad de instalar un sistema de seguridad o un timbre con cámara para mayor tranquilidad. Esto puede reducir las tarifas de tu seguro. Consulta con tu compañía de seguros acerca de este tipo de descuentos.
- **Fíjate objetivos financieros para amortizar tu casa más rápido**

- Considera la posibilidad de realizar pagos quincenales, hacer pagos extra al principal o refinanciar a un plazo más corto.

- **Actualiza tu testamento:**
    - Si tienes testamento, actualízalo para incluir tu nueva propiedad. Así te aseguras de que tus bienes se gestionen adecuadamente en caso de imprevistos. Si no tienes testamento, estudia la posibilidad de realizar uno.

- **Visión experta para la nueva construcción**
    - Fija un recordatorio en el calendario a los 10 meses para inspeccionar tu casa e informar de los problemas antes de que caduque la garantía de 1 año.

- **Otros** (añade tus propios ítems)

Estas listas de control te ayudarán a realizar con confianza la transición a la propiedad de una vivienda, asegurándote de que estés preparado, protegido y listo para disfrutar de tu nuevo hogar.

Brindo por ti y por tu viaje. Que esté lleno de crecimiento, felicidad y, sobre todo, de la sensación de estar verdaderamente en casa. Bienvenido a tu Hogar Dulce Hogar. ¡Que comiencen los recuerdos!

Glosario de términos

Aquí tienes una lista de términos de uso común que te ayudarán en tu viaje hacia un nuevo hogar.

1. **Hipoteca de tasa variable (ARM)**: Tipo de hipoteca en el que la tasa de interés cambia periódicamente en función de las condiciones del mercado, lo que provoca fluctuaciones en las cuotas mensuales.
2. **Amortización**: El proceso de pagar gradualmente un préstamo a lo largo del tiempo mediante pagos regulares y programados. Un plan de amortización desglosa cada pago, mostrando cuánto se destina a reducir el saldo principal del préstamo y cuánto se aplica a los intereses.
3. **Tasación**: Estimación imparcial del valor de mercado de la vivienda realizada por un tasador autorizado. Los prestamistas exigen tasaciones para asegurarse de que la vivienda valga el importe del préstamo.
4. **Valor catastral**: Valor asignado a una propiedad por una administración local a efectos fiscales.
5. **Tal cual, donde está (As-Is, Where-Is)**: Término utilizado en las transacciones inmobiliarias que indica que la propiedad se vende en su estado actual, sin garantías por parte del vendedor sobre su calidad o funcionalidad. El comprador asume toda la responsabilidad de cualquier reparación o problema.
6. **Gastos de cierre**: Gastos en los que se incurre al comprar una vivienda, incluidas las comisiones de apertura del préstamo, las comisiones del título, los costos de tasación y los honorarios de los abogados. Suelen oscilar entre el 2 y el 5% del importe del préstamo.
7. **Divulgación de cierre (CD)**: Documento proporcionado por el prestamista al menos tres días antes del cierre. En él se describen las condiciones finales de tu hipoteca, incluido el importe del préstamo, la tasa de interés y todos los costos asociados, así como el costo total del préstamo a lo largo de su vida.
8. **Ventas comparables (Comps)**: Propiedades vendidas recientemente similares en ubicación, tamaño y características, utilizadas para determinar el valor de mercado de una vivienda.
9. **Contingencia**: Condiciones de un contrato de compraventa que deben cumplirse para que se cierre el trato. Las

contingencias más habituales son la financiación, la inspección de la vivienda y la tasación.

10. **CPA:** Contador Público Autorizado, también conocido como asesor fiscal. Puede ayudarte a comprender las ventajas e implicaciones fiscales de la compra de una vivienda y cómo esto puede reducir tu base imponible.
11. **CTC (Clear to Close)**: La aprobación formal del prestamista para proceder al cierre del préstamo hipotecario. Significa que se han cumplido todas las condiciones de suscripción, que el expediente del préstamo está completo y que el prestatario está listo para pasar al último paso: firmar los documentos de cierre y garantizar oficialmente el préstamo.
12. **Días en el mercado (DOM):** El número de días que un inmueble ha estado en venta.
13. **Ratio deuda-ingresos (DTI)**: Un porcentaje que compara los pagos mensuales totales de tu deuda con tus ingresos brutos mensuales. Lo utilizan los prestamistas para determinar tu capacidad para hacer frente a deudas adicionales.
14. **Préstamo de Consolidación de Deudas**: Préstamo que combina varias deudas en un solo pago mensual, a menudo con tasas de interés más bajas.
15. **Escritura**: El documento legal por el que se transfiere la propiedad del vendedor al comprador.
16. **Pago inicial**: La cantidad de dinero que se paga por adelantado para el precio de compra de la vivienda. Normalmente, entre el 3 y el 20% del precio de la vivienda, dependiendo del tipo de préstamo.
17. **Fianza**: Depósito que hace el comprador para mostrar su intención seria de comprar la propiedad. Si la venta se lleva a cabo, se aplica al pago inicial o a los gastos de cierre.
18. **Patrimonio neto**: La diferencia entre el valor de mercado de la propiedad y el saldo pendiente del préstamo.
19. **Depósito en garantía (Escrow):** Servicio de terceros que retiene fondos y documentos hasta que se cumplen todas las condiciones de una transacción inmobiliaria. (También es denominado compañía de títulos, agente de cierre o abogado de cierre).
20. **Cuenta de depósito en garantía**: Una cuenta especial gestionada por tu prestamista para retener los fondos destinados a los impuestos sobre la propiedad y el seguro del propietario.

21. **Déficit de depósito en garantía**: Ocurre cuando no hay fondos suficientes en la cuenta para pagar los impuestos o el seguro.
22. **Préstamo FHA**: Un préstamo respaldado por el gobierno con requisitos de crédito y pago inicial más flexibles.
23. **Hipoteca a tasa fija**: Una hipoteca con una tasa de interés que permanece invariable durante todo el plazo del préstamo, lo que conlleva unos pagos mensuales constantes.
24. **Asentamiento de los cimientos**: El hundimiento gradual de los cimientos de una casa, que puede requerir reparaciones.
25. **Exención de vivienda familiar**: Beneficio fiscal que reduce los impuestos sobre la propiedad para los propietarios que la utilizan como residencia principal.
26. **Inspección de la vivienda**: Examen del estado de la vivienda por un profesional autorizado para identificar posibles problemas o reparaciones necesarias.
27. **Asociación de Propietarios (HOA)**: Organización que gestiona una comunidad o un condominio. Hace cumplir las normas y puede cobrar cuotas por el mantenimiento de la propiedad.
28. **Gravamen (Lien)**: Reclamación legal contra una propiedad, a menudo debida a deudas impagas, como una hipoteca o una factura de impuestos.
29. **Estimación del Préstamo (LE)**: Documento facilitado por el prestamista en el que se describen las condiciones de una hipoteca, incluyendo la tasa de interés, la cuota mensual y los gastos de cierre.
30. **Agente u oficial de Préstamos**: Tu principal punto de contacto, que te ayuda a solicitar un préstamo, te explica las opciones y reúne los documentos iniciales.
31. **Procesador de préstamos**: Recopila y organiza tus documentos financieros para preparar el expediente del préstamo para la suscripción.
32. **Relación préstamo-valor (LTV)**: Ratio financiero que compara el importe del préstamo con el valor de la propiedad, expresado en porcentaje. Ayuda a los prestamistas a evaluar el riesgo.
33. **Seguro hipotecario**: Seguro que protege al prestamista si el prestatario incumple el préstamo. Obligatorio para préstamos con cuotas iniciales inferiores al 20%.
34. **Oferta**: Propuesta formal de un comprador para adquirir una propiedad a un precio determinado. Si el vendedor la acepta, se convierte en un acuerdo vinculante.

35. **Honorarios de apertura**: Comisión que cobra un prestamista por tramitar una nueva solicitud de préstamo.
36. **PITI**: Siglas de Principal, Intereses, Impuestos y Seguros, los componentes de una cuota hipotecaria mensual típica.
37. **Puntos (Puntos de Descuento)**: Se pagan comisiones opcionales por adelantado para reducir la tasa de interés de tu hipoteca.
38. **Preaprobación**: Confirmación por escrito de un prestamista comprometiéndose a conceder una hipoteca por un importe determinado tras revisar minuciosamente los datos financieros del prestatario. Esto demuestra a los vendedores que el comprador es serio y está preparado financieramente.
39. **Penalización por pago anticipado:** Comisión que se cobra si cancelas la hipoteca antes de tiempo. (Esto sería raro en un préstamo hipotecario típico, pero común en préstamos comerciales y de inversionistas).
40. **Precalificado**: Una estimación inicial de tu potencial de préstamo basada en los datos financieros que tú mismo has facilitado. El prestamista no revisa la documentación formal. Ayuda a establecer un rango de precios, pero no garantiza la aprobación del préstamo.
41. **Precio por pie o metro cuadrado:** Medida utilizada para comparar el valor de las propiedades, que se calcula dividiendo el precio de venta por los pies o metros cuadrados de la propiedad.
42. **Capital (Principal)**: La cantidad original de dinero prestada en una hipoteca, excluyendo los intereses. Con el tiempo, los pagos de la hipoteca reducen el saldo de capital.
43. **Impuestos sobre la propiedad**: Impuestos que los gobiernos locales imponen a los propietarios, normalmente basados en el valor de la vivienda. Suelen incluirse en los pagos mensuales de la hipoteca a través de una cuenta de garantía bloqueada (cuenta escrow).
44. **Reevaluación rápida: Corrígelo rápido, puntúalo más rápido:** Utilizado por prestamistas y agentes hipotecarios para recalcular rápidamente tu puntuación crediticia tras correcciones o pagos, ideal para plazos ajustados.
45. **Divulgación o declaración del vendedor:** Documento que describe los problemas conocidos de la propiedad, obligatorio en muchos estados.
46. **Título**: Documento legal que acredita la propiedad de un inmueble. Un título claro es necesario para que una venta se lleve a cabo.

47. **Seguro de título**: Seguro que protege al comprador y al prestamista frente a pérdidas por defectos o litigios en el título.
48. **Préstamo VA**: Una opción hipotecaria para veteranos, miembros del servicio activo y sus familias, que ofrece condiciones favorables.
49. **Recorrido Final (Walk-Through):** Una inspección final de la casa antes del cierre permite al comprador asegurarse de que se han realizado las reparaciones acordadas y de que la casa está en las condiciones esperadas.
50. **Zestimate:** El valor de mercado estimado de una vivienda por Zillow se utiliza a menudo como referencia durante el proceso de compra. (La precisión puede variar según la zona, así que pide siempre a tu agente inmobiliario que realice también un análisis comparativo de mercado, conocido como CMA).

Glosario de términos específicos del sector de la construcción de viviendas nuevas

A continuación se incluye un glosario de términos del sector utilizados habitualmente en la construcción de viviendas nuevas para ayudarte a comprender mejor el proceso y a comunicarte eficazmente con constructores, contratistas e inspectores.

1. **Asignación (Allowance):** Cantidad fija de dinero incluida en el presupuesto de construcción para artículos específicos, como accesorios o electrodomésticos, cuyos costos exactos pueden no conocerse de antemano. Los propietarios pueden elegir productos dentro de este presupuesto o pagar más por mejoras.
2. **Planos conforme a obra (As-Built Drawings):** Dibujos o planos que muestran la casa tal y como se construyó realmente, incluidos los cambios realizados durante la construcción que difieran de los planos originales.
3. **Planos arquitectónicos:** Dibujos detallados creados por un arquitecto que describen el diseño y las especificaciones de una vivienda, incluidos planos de planta, alzados y detalles estructurales.

4. **Plano (Blueprint):** Dibujo técnico detallado utilizado por constructores y contratistas que describe las especificaciones, la distribución y las dimensiones de la casa.
5. **Garantía del constructor:** Garantía proporcionada por el constructor que cubre determinados defectos o problemas de la vivienda, normalmente durante un período determinado tras la finalización de la construcción, generalmente de uno a diez años.
6. **Códigos de construcción:** Normas locales o nacionales que regulan las prácticas de construcción para garantizar que los edificios sean seguros y estructuralmente sólidos.
7. **Envoltura del edificio:** La barrera física entre el interior y el exterior de un edificio, incluidos muros, ventanas, puertas, tejado y cimientos. Controla la temperatura, la humedad y el flujo de aire.
8. **Certificado de Ocupación (CO):** Documento legal expedido por la administración local que certifica que la vivienda cumple los códigos de construcción y es segura para ser ocupada.
9. **Costos de cierre:** Gastos asociados a la finalización de la compra de la vivienda, incluidos los gastos de tramitación del préstamo, el seguro del título, los impuestos sobre la propiedad y otros gastos administrativos.
10. **Construcción a medida:** Una casa diseñada y construida específicamente para el propietario, lo que a menudo permite personalizar por completo los materiales, planos y acabados.
11. **Sótano de arrastre (crawl space):** Espacio poco profundo bajo la casa que permite el acceso a las cañerías, el cableado eléctrico y los sistemas mecánicos; suele encontrarse en casas sin sótanos ni cimientos de losa.
12. **Tablero de yeso (drywall):** También conocido como placa de yeso, es un material utilizado para crear las paredes y techos interiores de una casa. Se instala después de la estructura y el cableado eléctrico.
13. **Avance o pago por hitos (draw):** Pago efectuado a un constructor o contratista en momentos concretos del proceso de construcción, normalmente vinculado a la finalización de determinadas etapas del proyecto.
14. **Diseño y construcción (design-build):** Un enfoque de construcción en el que los servicios de diseño y construcción

los presta la misma empresa o contratista, lo que agiliza el proceso para el propietario de la vivienda.

15. **Servidumbre (Easement):** Derecho legal concedido a un tercero para utilizar una parte de tu propiedad con fines específicos, como líneas de servicios públicos, aceras o acceso por carretera.
16. **Alzado:** Dibujo que muestra los lados exteriores de la casa, incluidos los detalles de ventanas, puertas y tejados.
17. **Calificación de la eficiencia energética (HERS):** El Sistema de Calificación Energética de Viviendas **(HERS)** mide la eficiencia energética de una vivienda, y las puntuaciones más bajas indican una mayor eficiencia. Una puntuación de 100 representa una casa nueva estándar (basada en las normas de eficiencia energética de 2006). Una puntuación de 0 significa que la casa es de energía neta cero, produciendo tanta energía como la que consume. Si una casa tiene una puntuación HERS de 50, entonces es un 50% más eficiente energéticamente que una casa nueva estándar.
18. **Control de la erosión**: Medidas para evitar la erosión del suelo durante y después de la construcción.
19. **Zapatas o cimientos (footings):** La base de los cimientos de una casa, normalmente de hormigón, que distribuye el peso del edificio para evitar asentamientos o desplazamientos.
20. **Estructura (framing):** El esqueleto de madera o acero de la casa que soporta las paredes, el tejado y los suelos. Es el núcleo estructural de la casa.
21. **Carpintería de acabado:** La fase final de los trabajos de carpintería en la vivienda, incluida la instalación de molduras, puertas y armarios.
22. **Contratista general (CG):** La persona o empresa responsable de supervisar todo el proyecto de construcción, incluida la contratación de subcontratistas, la programación y la garantía de que el trabajo se realice conforme a las normas.
23. **Nivel:** La pendiente o nivel del terreno sobre el que se construye la casa. Una nivelación adecuada garantiza que el agua fluya lejos de los cimientos para evitar inundaciones o daños por humedad.
24. **Costos duros:** Costos directos de construcción, como materiales, mano de obra y equipamiento, frente a costos blandos, como permisos, impuestos y tasas.

25. **Calefacción, Ventilación y Aire Acondicionado (HVAC).** Se refiere a los sistemas que regulan la temperatura, el caudal de aire y el clima general dentro de una vivienda.

26. **Inspección:** Revisión formal realizada por un inspector certificado para garantizar que la construcción cumpla los códigos de edificación locales y las normas del sector. Las inspecciones suelen producirse en fases clave de la construcción, como el encuadramiento, la plomería, la electricidad y el acabado final.

27. **Aislamiento:** Materiales utilizados en las paredes, el ático y los suelos para reducir la pérdida o ganancia de calor, mejorando la eficiencia energética y el confort de la vivienda.

28. **Vigas (Joists):** Vigas horizontales que sostienen los suelos y techos de una casa. Suelen ser de madera o acero.

29. **Muro portante:** Muro que soporta el peso de la estructura por encima de él. Eliminar o alterar un muro de carga requiere una planificación cuidadosa y, a menudo, la adición de vigas para sostenerlo.

30. **Parcela o lote (lot):** El terreno sobre el que se construye la vivienda.

31. **Sistemas mecánicos (Mechanicals):** Se refiere a los sistemas de calefacción, refrigeración, plomería y electricidad de la vivienda.

32. **Carpintería (Millwork):** Cualquier tipo de carpintería o material de construcción producido en una fábrica, como puertas, molduras, remates y armarios.

33. **Lista de tareas pendientes (Punch List):** Lista de elementos que aún deben completarse o repararse antes de que la casa se considere totalmente terminada. Suele elaborarse durante la visita final a la casa.

34. **Permiso:** Documento oficial expedido por la administración local que permite realizar las obras de construcción. Garantiza que el proyecto cumpla los códigos locales de construcción y seguridad.

35. **Valor R:** Medida de la capacidad del aislamiento para resistir el flujo de calor. Cuanto mayor sea el valor R, mayor será la eficacia del aislamiento.

36. **Preinstalación (Rough-In):** Fase inicial de la construcción en la que se instalan la estructura, la plomería, el cableado

eléctrico y los conductos, pero antes de añadir los paneles de yeso o los acabados.

37. **Costos blandos o costos indirectos:** Gastos indirectos en un proyecto de construcción, como permisos, honorarios arquitectónicos, honorarios legales y gastos de financiación.
38. **Subcontratista:** Trabajador especializado o empresa contratada por el contratista general para realizar una parte concreta del proyecto de construcción, como trabajos de electricidad, fontanería o pintura.
39. **Acabados (Trim):** Carpintería decorativa o molduras instaladas alrededor de puertas, ventanas y a lo largo de los bordes de suelos y techos con fines estéticos.
40. **Contrapiso (Underlayment):** Material que se coloca bajo el suelo, como baldosas o madera dura, para proporcionar una superficie lisa, reducir el ruido o servir de barrera contra la humedad.
41. **Variación (Variance) :** Excepción legal a las normas de zonificación que permite construir una casa de un modo que normalmente infringiría la normativa local, como construir más cerca del límite de la propiedad.
42. **Revisión final (Walk-Through):** Inspección final en la que el propietario y el constructor revisan la casa en busca de obras inacabadas o insatisfactorias. Suele tener lugar justo antes del cierre.
43. **Zonificación:** Normativa establecida por los gobiernos locales que determina cómo se puede utilizar el suelo, como residencial, comercial o industrial. También regula la altura de los edificios, el tamaño de los lotes y las distancias respecto a la calle.

Conclusión

Estos términos son esenciales para comprender el proceso de construcción de una casa nueva. Conocer esta terminología te ayudará a entender de qué está hablando tu constructor y te ayudará a tomar decisiones informadas a lo largo del proyecto.

Referencias y citas

- Gaylene Rogers Lonergan, Lonergan Law Firm PLLC, Dallas, Texas
- Alfonso Guzman Agente de Préstamos Sr, NMLS 1191940, Ignite Loan Partners, Agente Hipotecario
- Seth y Jocelyn Mills, Grupo Inmobiliario Texas Sold Em
- Brandy Olaniyan, agente inmobiliario, Brandy O Realty Group https://www.instagram.com/brandyorealtor
- Reserva Federal. (s.f.). *Índice de precios de consumo y datos de inflación*. Obtenido de https://www.federalreserve.gov/
- Asociación de Banqueros Hipotecarios. (sin fecha). *Tendencias de los intereses hipotecarios*. Obtenido de https://www.mba.org/
- Asociación Nacional de Agentes Inmobiliarios. (s.f.). *Datos y estadísticas del mercado de la vivienda*. Obtenido de https://www.nar.realtor/
- Departamento de Vivienda y Desarrollo Urbano de EEUU. (s.f.). *Información sobre préstamos de la FHA*. Obtenido de https://www.hud.gov/
- Departamento de Asuntos de Veteranos de EEUU. (s.f.). *Préstamos hipotecarios VA*. Obtenido de https://www.va.gov/
- Departamento de Agricultura de EEUU. (s.f.). *Programas de vivienda rural del USDA*. Obtenido de https://www.rd.usda.gov/
- FICO. (s.f.). *Comprender tu puntuación crediticia*. Obtenido de https://www.myfico.com/
- Zillow. (sin fecha). *Herramientas de investigación y datos*. Obtenido de https://www.zillow.com/research/
- Realtor.com. (s.f.). *Tendencias inmobiliarias y análisis de mercado*. Obtenido de https://www.realtor.com/research
- Servicio de Impuestos Internos. (s.f.). *Información fiscal para propietarios de viviendas*. Obtenido de https://www.irs.gov/

TU PRÓXIMO PASO:
¡DESCUBRE TUS HERRAMIENTAS GRATUITAS PARA COMPRAR UNA CASA!

¡Felicitaciones por completar **"Hogar, Dulce Hogar: Una guía paso a paso para compradores de vivienda primerizos"!** Su camino hacia la propiedad de una vivienda no termina aquí; apenas comienza.

Hemos preparado herramientas exclusivas y personalizables para que su proceso sea aún más sencillo:

¡Regalos especiales para simplificar la compra de una vivienda!

- Listas de verificación personalizadas para la compra de vivienda.
- Lista de verificación personalizable para la búsqueda de vivienda (del 1 al 10).
- Gráficas prácticas y glosario de términos.
- **REGALO ADICIONAL**: **De la renta a la riqueza**: ¡10 maneras en que ser propietario de una vivienda genera riqueza!

¡Escanee el código QR a continuación o haga clic en el enlace!

https://link.urmspublishing.com/hsh-regalo

https://link.urmspublishing.com/hsh-regalo

¡Forma parte de la historia de otra persona que se encuentra en el camino hacia la propiedad de una vivienda!

Gracias por acompañarme en este viaje a través de "***Hogar dulce hogar***". Si este libro te ayudó a aclarar tu camino hacia la propiedad de una vivienda, tu reseña podría hacer lo mismo por otra persona. ss Es una pequeña acción con un **GRAN** impacto.

¡Marcar la diferencia es *fácil!*

Sólo tienes que escanear el código QR o hacer clic en el siguiente enlace y compartir tu opinión:

https://link.urmspublishing.com/hsh-opinion

Tu esfuerzo por contribuir a la conversación y compartir buenas vibras es profundamente apreciado.
¡Gracias por ayudar a transformar vidas!

Nuevamente gracias, Sally Street

"SER PROPIETARIO DE UNA
VIVIENDA NO ES SOLO UNA
INVERSIÓN INMOBILIARIA: ES
UNA INVERSIÓN EN TI MISMO, EN
TU FUTURO Y EN LA VIDA QUE
QUIERES CONSTRUIR."
- SALLY STREET
Hogar Dulce Hogar

¡Tenemos más sol en camino hacia ti!

¡Visita nuestra página oficial de libros para ver los próximos lanzamientos, obtener eBooks gratis durante las promociones o unirte a nuestro Equipo VIP de Lectores Tempranos!

www.urmspublishing.com/books

URMS PUBLISHING

www.urmspublishing.com

Made in the USA
Monee, IL
12 November 2026

36ab387a-a2f4-404c-9f8e-306028bc2d5eR01